NEJLEPŠÍ SPRIEVODCA KUCHAŘSKOU KNIHOU KORENÍ A BYLIN

100 NEUVERITEĽNÝCH RECEPTOV, KTORÉ JEDINEČNE OBOHATIA VAŠE JEDLÁ

LÝDIA FIALOVÁ

Všetky práva vyhradené.

Vylúčenie zodpovednosti

Informácie obsiahnuté v tomto eBooku majú slúžiť ako komplexná zbierka stratégií, o ktorých autor tohto eBooku robil prieskum. Zhrnutia, stratégie, tipy a triky sú len odporúčaním autora a prečítanie tohto eBooku nezaručí, že jeho výsledky budú presne odzrkadľovať autorove výsledky. Autor eKnihy vynaložil všetko primerané úsilie, aby poskytol aktuálne a presné informácie pre čitateľov eKnihy. Autor a jeho spolupracovníci nenesú zodpovednosť za žiadne neúmyselné chyby alebo opomenutia, ktoré môžu byť zistené. Materiál v eKnihe môže obsahovať informácie tretích strán. Materiály tretích strán obsahujú názory vyjadrené ich vlastníkmi. Ako taký, autor eKnihy nepreberá zodpovednosť za žiadne materiály alebo názory tretích strán. Či už z dôvodu rozvoja internetu alebo nepredvídaných zmien v politike spoločnosti a usmerneniach na predkladanie redakčných príspevkov, to, čo je uvedené ako fakt v čase písania tohto článku, môže byť neskôr neaktuálne alebo nepoužiteľné.

Elektronická kniha je chránená autorským právom © 202 2 so všetkými právami vyhradenými. Je nezákonné redistribuovať, kopírovať alebo vytvárať odvodené diela z tejto eKnihy ako celku alebo jej častí. Žiadna časť tejto správy nesmie byť reprodukovaná ani opakovane prenášaná v akejkoľvek forme, bez výslovného a podpísaného súhlasu autora.

OBSAH

OBSAH 3
ÚVOD 8
BYLINKOVÉ RAŇAJKY 10
   1. Vajcia plnené žeruchou 11
   2. Frittata s divokými bylinkami 14
   3. Vajcia v bylinkovej omáčke 16
   4. Pita zo zeleniny, bylín a vajec 19
   5. Čerstvá bylinková klobása 22
J ANKOVINOVÉ PREDLOHY 24
   6. Baby mrkva v bylinkovom octe 25
   7. Artičoky s bylinkami 27
   8. Jednohubky s citrónovo-bylinkovou polevou 30
   9. Pizza s čerstvým bylinkovým syrom 33
   10. Čerstvé bylinkové a pažítkové sušienky 36
   11. Vietnamské jarné závitky 39
   12. Vyprážaný syr haloumi 42
   13. Bylinková placka 45
   14. Bylinkové krevety v pive 48
   15. Sušené figy s bylinkami 51
   16. Ľahká bylinka focaccia 53
BYLINKA ED KURA A MORKA 56
   17. Rozmrvené bylinkové kura 57
   18. Kurací krém s bylinkami 60
   19. Marhuľová dijonská glazovaná morka 62
   20. Kuracie mäso a ryža na bylinkovej omáčke 65
   21. Kuracie mäso na smotane a bylinkách 68
   22. Kuracia madeira na sušienkach 71

23. Slepačia polievka s bylinkami 74
24. Kuracie mäso na víne a bylinkách 77

BYLINKOVÉ CESTOVINY 79

25. Bylinkové ravioli 80
26. Linguine s miešanou bylinkou 83
27. Farfalle s bylinkovou omáčkou 86
28. Vaječné rezance s cesnakom 89
29. Cappelini s bylinkovým špenátom 92
30. Halušky s hubami 95

BYLINKOVÉ MORSKÉ PLODY 98

31. Bylinkový krevetový krém 99
32. Malajzijská bylinková ryža 102
33. Anjelské vlasy s údeným lososom 105
34. Treska s bylinkami 108
35. Studený pošírovaný losos 111
36. Kôprové bylinkové filé 114
37. Do chrumkava pečená ryba a bylinky 117
38. Fettuccine s krevetami 119
39. Mušle s cesnakom 121
40. Ryba Karibik s vínom 124
41. Morský čert s cesnakovou bylinkou 127

BYLINKOVÉ BRAVČOVÉ A JAHNIČNÉ MÄSO
.... 130

42. Vo výrobkové bravčové rezne 131
43. Kláštorná bylinková klobása 134
44. Jahňacie filé s bylinkami 137

BYLINKOVÁ ZELENINA 140

45. Špargľa s bylinkovým dresingom 141
46. Bylinkový kukuričný kastról 144

47.	Hrebenatka bylinková	147
48.	Pečená bylinková ryža s pekanovými orechmi	149
49.	Zeleninový šalát	152
50.	Cícerovo-bylinkový šalát	155
51.	Letná patizónová polievka	158
52.	Čerstvé bylinky a parmezán	161
53.	Bylinkové zeleninové konfety	164
54.	Bavorská bylinková polievka	166
55.	Pražený bylinkový jačmeň	169
56.	Kešu pečienka s bylinkovou plnkou	172
57.	Kaša so sušeným ovocím	175

BYLINKOVÉ DEZERTY ... 178

58.	Citrónová bylinková zmrzlina	179
59.	Želé bylinné	182
60.	Bylinkové citrónové sušienky	185
61.	Kurací kotlíkový koláč s bylinkami	188
62.	Zmes popover bylinná	191

BYLINKOVÝ CHLEBÍK ... 194

63.	Bylinkové rolky	195
64.	Záhradný bylinkový chlieb	198
65.	Levanduľový bylinkový chlieb	201
66.	mesiačiky pšenice čedaru	204
67.	Kukuričná múčka bylinkový chlieb	207
68.	Krajina bylina mesiačiky	209

BYLINKOVÉ KORENIA ... 211

69.	Bylinné korenie	212
70.	Zmes etiópskych bylín (berbere)	214
71.	Zálievka na bylinkový šalát	217
72.	Miešaný bylinkový ocot	220

73.	Miešané bylinkové pesto	222
74.	Horčicovo-bylinková marináda	225
75.	Bylinková dezertná omáčka	227
76.	Zálievka z citrusových bylín	229
77.	Dressing chata-bylinkový	232
78.	Zmes provensálskych byliniek	234
79.	Bylinková a olejová marináda	236
80.	Ľahké bylinkové octy	238
81.	Šťovkovo-pažítkové pesto	240
82.	Zálievka uhorková bylinková	243
83.	Pekanový oriešok bylinkový	246
84.	Z esty bylinkový dresing	248
85.	Cesnakovo-citrónovo-bylinkový poter	250
86.	Dolce latté bylinkový dip	252
87.	Francúzska bylinná zmes	255
88.	Bylinkové a koreninové maslo	257
89.	Bylinkový zeleninový dresing	259
90.	Slaninový, paradajkovo-bylinkový dip	261
91.	Cesnaková bylinková nátierka	263
92.	Chevre s bylinkovou nátierkou	266

BYLINKOVÉ NÁPOJE 268

93.	Pikantný bylinný likér	269
94.	Ovocný bylinkový ľadový čaj	272
95.	Ľadový bylinkový chladič	275
96.	Malinový bylinkový čaj	280
97.	Čaj z kardamómu	282
98.	Čaj Sassafras	284
99.	Moringový čaj	286
100.	Čaj zo šalvie	289

ZÁVER 291

ÚVOD

Byliny sú aromatické jedlé rastliny používané na dodanie chuti do jedál. Väčšina bylín sa používa na kulinárske aj liečebné účely a pochádza z rastlín, ktoré sa dajú použiť na ich listy, ako bylinky a tiež na semená, ako korenie.

Kuchári a domáci kuchári používajú čerstvé a sušené bylinky na prípravu sladkých aj slaných jedál, od bohatých omáčok až po ľahké šaláty a pečivo s bylinkami. Okrem ich kulinárskeho využitia sa na liečivé byliny a ich cenné esenciálne oleje spoliehali už od stredoveku pre ich zdravotné prínosy, od protizápalových a antivírusových účinkov až po topické účinky na čistenie pokožky.

Keď sú bylinky v sezóne, radujte sa z receptov, ktoré obsahujú nebeský rozmarín, bazalku, kôpor, mätu, oregano a tymian. Varenie s bylinkami nielenže uvoľňuje skvelé čerstvé chute , ale je aj zdravé!

Tu sú bylinky skôr hlavnou zložkou ako ozdobou. Polovica šálky alebo viac bazalky, koriandra, mäty alebo akejkoľvek inej čerstvej bylinky môže byť len vstupenkou na dodanie živej chuti všetkým druhom jedál. Od cícerového šalátu s kôprom cez nadýchaný falafel s koriandrom a petržlenovou vňaťou až po najosviežujúcejšiu mätovú zmrzlinu.

Rozdiel medzi používaním čerstvých a sušených bylín

Čerstvé bylinky sú vo všeobecnosti uprednostňované pred sušenými bylinkami na kulinárske účely, hoci používanie sušených bylín má svoje výhody. Kým čerstvé bylinky majú oveľa kratšiu životnosť, sušené bylinky si môžu zachovať svoju chuť až šesť mesiacov, ak sa skladujú vo vzduchotesnej nádobe na tmavom mieste pri izbovej teplote.

Zatiaľ čo sušené bylinky sa zvyčajne používajú počas celého procesu varenia, pretože dlhodobé teplo a vystavenie vlhkosti môže z bylín vytiahnuť chute, čerstvé bylinky sa častejšie pridávajú ku koncu procesu varenia alebo ako ozdoba na konci varenia.

BYLINKOVÉ RAŇAJKY

1. Vajcia plnené nasturtium

Výťažok: 2 porcie

Zložka

- 2 veľké Vajcia natvrdo
- 4 drobnosti Nasturtium listy a jemné stonky; nasekané
- 2 kvety Nasturtium; nakrájame na úzke pásiky
- 1 vetvička Čerstvá žerucha; nasekané
- 1 vetvička Čerstvá talianska petržlenová vňať; listy nakrájané nadrobno
- 1 zelená cibuľa; biela a bledozelená časť
- Extra panenský olivový olej
- Jemná morská soľ; ochutnať
- Čierne korenie; hrubo mletý, podľa chuti
- Nasturtium listy a nasturtium kvety

Smery:

Vajcia uvaríme natvrdo vo vriacej vode, kým nie sú žĺtky pevné, už nie.

Každé vajce prekrojíme pozdĺžne na polovicu a opatrne vyberieme žĺtok.

Vložte žĺtky do malej misky a pridajte listy, stonky a kvety žeruchy a nakrájanú žeruchu, petržlenovú vňať a zelenú cibuľku. Roztlačte vidličkou a pridajte toľko olivového oleja, aby ste vytvorili pastu. Dochuťte podľa chuti morskou soľou a korením

Vaječné bielky jemne osolíme

Jemne vyplňte dutiny žĺtkovo-bylinkovou zmesou. Na vrch pomeľte trochu korenia. Na tanier poukladáme listy žeruchy a navrch poukladáme plnené vajíčka.

Ozdobte kvetmi žeruchy.

2. Frittata s divokými bylinkami

Výťažok: 1 porcia

Zložka

- ½ kilogramu Barba di frate a kopa divokej mäty
- 8 vajec
- 4 strúčiky cesnaku
- 50 mililitrov Extra panenský olivový olej
- 100 gramov parmezánu; strúhaný
- Soľ a čerstvo mleté čierne korenie

Smery:

Do malej panvice dáme olej s cesnakom a privedieme do varu.

Odstráňte a vyhoďte cesnak, keď je zlatohnedý. Barba di frate restujeme na oleji dve minúty, pridáme vajcia zľahka rozšľahané s parmezánom, soľ a mätu. Miešajte, kým nezačne tuhnúť. Vložte do horúcej rúry, kým sa neuvarí. Vyklopte na tanier a ihneď podávajte.

3. Vajcia v bylinkovej omáčke

Výťažok: 6 porcií

Zložka

- 24 čerstvej špargle
- ¼ šálky Majonéza
- 8 uncí Kartónová komerčná kyslá smotana
- 1 Citrónová šťava
- ½ lyžičky Soľ a ¼ lyžičky biele korenie
- ¼ lyžičky Cukor
- 2 lyžičky Čerstvá petržlenová vňať; mletý
- 1 lyžička Čerstvá burina kôpru ; mletý
- 1 lyžička Čerstvá pažítka; mletý
- 8 vajec; natvrdo uvarené, rozdelené
- 12 uncí Balenie varených plátkov šunky 6" x 4".

Smery:

Špargľu prikrytú varte vo vriacej vode 6 až 8 minút; vypustiť. Prikryte a vychladzujte.

Zmiešajte majonézu, kyslú smotanu, citrónovú šťavu, soľ, biele korenie, cukor, petržlenovú vňať, mletý kôpor a pažítku; dobre premiešame. Roztlačte 1 natvrdo uvarené vajce; pridajte do majonézovej zmesi a dobre premiešajte. Prikryte a vychladzujte.

Na 2 plátky šunky položte 4 špargle. Omotajte šunku okolo špargľových šparglí, zaistite dreveným špáradlom. Na servírovací tanier položte špargľu obalenú šunkou. Nakrájajte 6 vajec, plátky poukladajte na šunku. Na každú porciu nalejte asi ¼ šálky bylinkovej omáčky

Zvyšné vajce preosejte. Posypte každú porciu. Ozdobte čerstvým kôprom.

4. Pita zo zeleniny, bylín a vajec

Výťažok: 12 porcií

Zložka

- 2 libry Čerstvá zelenina
- Soľ
- ½ zväzku Čerstvá petržlenová vňať; nasekané
- ½ zväzku Čerstvý kôpor; nasekané
- 1 hrsť čerstvej žeruchy; sekať.
- ¼ šálky Maslo alebo margarín
- 1 zväzok Scallion; nasekané
- ½ lyžičky Mleté nové korenie
- ½ lyžičky škorica a ½ lyžičky Muškátový oriešok
- 2 lyžičky Kryštálový cukor
- Soľ a čerstvo mleté korenie
- 5 vajec; jemne zbitý
- 1 šálka Rozdrvený syr feta
- ½ šálky Mlieko alebo viac
- ½ šálky Maslo (voliteľné); roztopený

- 12 obchodných phyl lo listov

Smery:

Špenát zmiešajte vo veľkej miske s petržlenovou vňaťou, kôprom a žeruchou a dôkladne premiešajte. Vo veľkej panvici zohrejte ¼ šálky masla, pridajte do masla cibuľky a opečte ich, kým biele časti nebudú priehľadné.

Pridajte zeleninu, korenie, cukor a dostatok soli a korenia na ochutenie.

Teraz pridáme vajcia, fetu a toľko mlieka, aby zasýtili zelené s. Rozotrite 6 plátkov, každý potriete rozpusteným maslom. Nalejte náplň, rovnomerne ju rozotrite. Pečieme 45 minút.

5. Čerstvá bylinková klobása

Výťažok: 2 libry

Zložka

- 4 nohy malé bravčové črevá
- 2 libry filé z bielej ryby, nakrájané na kocky
- 1 vajce, rozšľahané
- 2 lyžice nasekanej čerstvej pažítky
- 1 polievková lyžica nasekanej čerstvej petržlenovej vňate
- 1 čajová lyžička citrónovej šťavy
- ½ lyžičky zelerovej soli
- ½ lyžičky čierneho korenia

Smery:

Pripravte črevá. Vložte rybu do kuchynského robota a pulzujte, kým sa ryba nerozbije. Pridajte zvyšné ingrediencie a spracujte, kým sa všetko dobre nezmieša. Naplňte obaly a otočte ich na 3-4" dĺžky.

ERBOVÉ PREDJEDLÁ

6. Baby mrkva v bylinkovom octe

Výťažok: 1 porcia

Zložka

- 20 drobností Mrkva
- ¾ šálky cukru
- 1 lyžica citrónovej šťavy
- 1 lyžica masla
- 2 lyžice estragónového octu

Smery:

Vložte mrkvu, vodu a citrónovú šťavu do malého hrnca.

Prikryjeme a dusíme 5 minút.

Odstráňte kryt, zvýšte teplo na maximum a varte za stáleho miešania, kým sa tekutina neodparí (5 minút). Znížte teplo.

7. Artičoky s bylinkami

Výťažok: 4 porcie

Zložka

- 2 veľké artičoky (alebo 4 stredné)
- 1 malá mrkva
- 1 malá cibuľa
- 1 lyžica olivového oleja
- 2 lyžice petržlenu; nasekané
- ½ čajovej lyžičky bazalkových listov, sušených
- ½ lyžičky oregano
- ½ čajovej lyžičky kôprovej buriny
- 1 strúčik cesnaku
- Soľ
- 1 šálka vína, suché biele
- Paprika podľa chuti

Smery:

V mixéri zmiešajte mrkvu , cibuľu, petržlen, sušené bylinky, cesnak a soľ a čierne korenie podľa chuti; spracujte na jemno nakrájané. Medzi listy artičokov vložíme zmes byliniek

Umiestnite stojan na varenie, víno a $\frac{1}{2}$ šálky vody do 4- alebo 6-qt tlakového hrnca. Umiestnite artičoky na stojan; bezpečne zatvorte kryt. Umiestnite regulátor tlaku na odvzdušňovacie potrubie.

Varte 20 minút pri tlaku 15 libier .

8. Jednohubky s citrónovo-bylinkovou polevou

Výťažok: 1 porcia

Zložka

- Pumpernickel chlieb so smotanovým syrom a nakrájaným údeným lososom

- Mastený slaný raž s nakrájaným vajcom a kaviárom

- Slaná raž s chrenom; čili omáčka; drobné krevety

- 1 ⅔ šálky vody

- ⅛ čajovej lyžičky korenia

- ½ Bobkový list

- ½ lyžičky sušeného kôpru

- 1 balenie (3 oz.) želatína s citrónovou príchuťou

- 1 štipka kajenského korenia

- 3 lyžice octu

Smery:

Položte na stojan a na každú jednohubku položte 2 až 3 polievkové lyžice citrónovo-bylinkovej polevy.

Citrónovo-bylinková glazúra: Priveďte vodu do varu; pridajte korenie, bobkový list a sušený kôpor. Prikryjeme a dusíme asi 10 minút. Kmeň. V horúcej tekutine rozpustite želatínu, soľ a kajenské korenie. Pridajte ocot. Chladíme do mierneho zhustnutia. Lyžičkou zmes na jednohubky

9. Pizza s čerstvým bylinkovým syrom

Výťažok: 8 porcií

Zložka

- 1 lyžica kukuričnej múky
- 1 plechovka (10 oz.) Hotová pizza kôra
- 1 lyžica olivového oleja alebo oleja
- 1 strúčik cesnaku; mletý
- 6 uncí strúhaného syra Mozzarella
- ½ šálky Strúhaný parmezán
- 1 polievková lyžica nasekanej čerstvej bazalky
- 1 polievková lyžica nasekaného čerstvého oregana

Smery:

Namažte 12-palcovú pizzovú panvicu alebo 13x9-palcovú panvicu; posypať maizenou. Rozvinúť cesto; natlačíme do vymastenej formy.

V malej miske zmiešajte olej a cesnak; pokvapkáme cesto. Navrch rovnomerne položte mozzarellu, parmezán, bazalku a oregano.

Pečieme pri 425°C 13-16 minút, alebo kým kôrka nie je hlboko zlatohnedá

10. Čerstvé bylinkové a pažítkové sušienky

Zložka

- 8 uncí pevné hodvábne tofu
- ⅓ šálky jablkovej šťavy
- 1 lyžica citrónovej šťavy
- 1 hrnček celozrnnej múky
- 1 šálka viacúčelovej múky
- 2 lyžičky prášok do pečiva
- ½ lyžičky sódy bikarbóny
- ¼ lyžičky soli, voliteľné
- 2 polievkové lyžice nasekanej bazalky - =ALEBO=-
- 1 polievková lyžica sušenej bazalky
- 2 polievkové lyžice nasekanej pažítky - =ALEBO=-
- 1 polievková lyžica sušenej pažítky

Smery:

Predhrejte rúru na 450 F a naolejujte plechy na sušienky.

Tofu rozmixujeme do hladka. Zmiešajte jablkovú šťavu a citrónovú šťavu. Premiestnite do stredne veľkej misky a odložte. Preosejte ďalších 5 ingrediencií a vmiešajte do tofu zmesi. Vmiešame bazalku a pažítku. Cesto vyklopíme na pomúčenú dosku a vyformujeme guľu. Cesto rozvaľkáme na $\frac{1}{2}$" hrúbku a vykrajujeme vykrajovačkou. Pečieme 12 minút a ihneď podávame.

11. Vietnamské jarné závitky

Výťažok: 1 porcia

Zložka

- 1 červený chňapal
- 2 lyžice Rybia omáčka
- 2 lyžice medu
- ½ lyžičky Ázijský sezamový olej
- 40 obalov z ryžového papiera
- Mäta a čerstvý koriander
- Tenké plátky anglickej uhorky
- ½ libry čerstvé fazuľové klíčky
- listy šalátu
- ¼ šálky ryžového octu
- ¼ šálky limetkovej šťavy
- ¼ šálky cukru
- ¼ lyžičky Horúca ázijská chilli omáčka

Smery:

Skombinujte rybiu omáčku s medom a sezamovým olejom. Votrite do rýb. Pečte pri 425F/210C 40 až 45 minút .

V malej servírovacej miske zmiešajte ingrediencie s na omáčku.

Odlomte kúsok ryby a umiestnite do stredu každého obalu tesne pod stred. Na rybu pridajte mätu a koriandr, 1 plátok uhorky a niekoľko fazuľových klíčkov. Pokvapkáme omáčkou.

12. Vyprážaný syr haloumi

Výťažok: 1 porcia

Zložka

- 4 zrelé slivkové paradajky
- 1 červená cibuľa
- 1 uhorka
- 20 čiernych olív; kôstkované
- 1 zväzok Plochá petržlenová vňať
- 100 gramov syra Haloumi e
- Bazalka; najemno posekané
- koriander; najemno posekané
- Chervil
- Pažítka
- 200 mililitrov olivového oleja
- 2 citróny; šťavy z
- 1 lyžica bieleho vínneho octu
- Soľ a korenie

Smery:

Všetko spolu zmiešame v miske s cibuľou a trochou hladkej petržlenovej vňate. Oblečte trochou olivového oleja a soli a korenia.

Na rozpálenej nepriľnavej panvici opečte syr Haloumi bez oleja.

Uložíme na vrch šalátu a okolo taniera pokvapkáme bylinkovým olejom. Teraz pridajte trochu citrónovej šťavy.

13. Bylinková frittelle

Výťažok: 1 porcia

Zložka

- 1 libra Miešané listy bylinkového šalátu
- ¼ šálky čerstvo nastrúhaného parmezánu
- 3 vajcia z voľného chovu; jemne zbitý
- 1 šálka čerstvej strúhanky
- 2 lyžice nesoleného masla
- Slnečnicový olej
- Soľ a čerstvo mleté korenie

Smery:

Vložte bylinkové listy do strednej misky. Vmiešame cibuľu, bazalku, parmezán, strúhanku, vajcia a korenie.

Vo veľkej panvici rozpustite maslo. Pridajte toľko oleja, aby v panvici zostalo ¼ palca oleja. Pomocou 1 veľkej polievkovej lyžice zmesi na každé lievance opečte frittelly po niekoľkých, kým nie sú hlboko zlaté, asi 3 minúty z každej strany.

Nechajte odkvapkať na kuchynskom papieri; udržiavajte teplé v nízkej rúre, kým sa zvyšné frittely neuvaria .

14. Bylinkové krevety v pive

Výťažok: 6 porcií

Zložka

- 2 libry Lúpané surové krevety
- 1½ šálky skvelého západného piva
- 2 strúčiky Cesnak, mletý
- 2 polievkové lyžice nasekaná pažítka
- 2 polievkové lyžice nasekanej petržlenovej vňate
- 1½ lyžičky Soľ
- ½ lyžičky papriky
- Nastrúhaný šalát
- 2 zelené cibule, nasekané nadrobno

Smery:

Zmiešajte všetky ingrediencie okrem šalátu a zelenej cibule v miske.

Zakryte, vložte do chladničky na 8 hodín alebo cez noc; občas premiešame. Scedíme, necháme marinádu

Grilujte krevety 4 palce od tepla, kým sa neuvaria a nezmäknú.

Nevarte, inak krevety stvrdnú. Občas potrieme marinádou.

Podávajte krevety na strúhanom šaláte; posypeme nasekanou zelenou cibuľkou.

15. Sušené figy s bylinkami

Výťažok: 4 porcie

Zložka

- ½ libry sušených fíg
- ½ libry sušených brusníc
- 2 šálky červeného vína
- ¼ šálky levandule alebo ochuteného medu
- Korenie zaviazané v gázovom plátne:

Smery:

Pridajte figy do hrnca s červeným vínom a medom a gázu s výberom byliniek. Priveďte do varu a prikryté varte 45 minút alebo do skutočnej mäkkosti.

Odstráňte figy z hrnca; varte tekutinu, kým nezostane viac ako polovica.

Korenie vyhoďte do gázy. Podávajte tak, ako je, alebo lyžičkou na vanilkový šerbet alebo ľadové mlieko.

16. Ľahká bylinková focaccia

Výťažok: 24 porcií

Zložka

- 16 uncí balené Hot Roll Mix
- 1 Vajcia
- 2 polievkové lyžice Olivový olej
- ⅔ šálka Červená cibuľa; Najemno posekané
- 1 lyžička sušeného rozmarínu; Rozdrvený
- 2 lyžičky Olivový olej

Smery:

Dva okrúhle formy na pečenie zľahka vymastíme.

Pripravte zmes horúcej rolky podľa návodu na obale pre základné cesto, pričom použite 1 vajce a 2 polievkové lyžice oleja nahraďte margarínom uvedeným na obale. Miesiť cesto; nechajte odpočívať podľa pokynov. Ak používate okrúhle formy na pečenie, rozdeľte cesto na polovicu; zrolovať do dvoch 9-palcových kôl. Vložte do pripravenej panvice.

Cibuľu a rozmarín opečte na panvici na 2 lyžičkách horúceho oleja do mäkka. Končekmi prstov zatlačte do cesta asi každý centimeter priehlbiny

Pečieme v 375-stupňovej rúre 15 až 20 minút alebo do zlatista. Chladíme 10 minút na mriežke. Vyberte z panvice a úplne vychladnúť.

BYLINKA ED KURA A MORKA

17. Rozmrvené bylinkové kura

Výťažok: 2 porcie

Zložka

- 2 šálky Chlebové omrvinky
- 1 lyžička Soľ
- 1 lyžička čerstvo mletého korenia
- 2 polievkové lyžice Sušená petržlenová vňať
- 1 lyžička sušený majorán
- 1 lyžička sušeného tymiánu
- 1 lyžička sušené oregano
- 1 lyžička Cesnakový prášok
- 1 pomaranč; nakrájané na plátky
- 4 Polovičky kuracích pŕs vykostené a zbavené kože
- 2 vajcia; šľahané ALEBO náhrada vajec
- 2 polievkové lyžice Maslo alebo margarín
- 2 polievkové lyžice Zeleninový olej
- 1 šálka Kurací vývar alebo biele víno
- 1 Vetvička čerstvej petržlenovej vňate

Smery:

Do kuchynského robota vložte strúhanku, soľ, korenie, petržlenovú vňať, majoránku, tymian, oregano a cesnakový prášok a dôkladne ich rozdrvte. Kuracie prsia namáčame do rozšľahaného vajíčka a potom obalíme strúhankou.

Na stredne vysokom ohni opečieme kuracie prsia z oboch strán na masle a oleji. Znížte teplotu, pridajte vývar alebo víno a prikryte. Dusíme 20 až 30 minút v závislosti od hrúbky pŕs.

Ozdobte plátkami pomaranča a petržlenovou vňaťou.

18. Kurací krém s bylinkami s

Výťažok: 1 porcia

Zložka

- 1 plechovka Krémová kuracia polievka
- 1 plechovka Kurací vývar
- 1 plechovka mlieka
- 1 plechovka vody
- 2 šálky Bisquick Baking Mix
- $\frac{3}{4}$ šálky mlieka

Smery:

Vyprázdnite plechovky polievky do veľkej panvice

Vmiešajte do plechoviek s vodou a mliekom. Miešajte spolu do hladka. Zahrievajte na strednom ohni až do varu

Zmiešajte spolu Bisquick a mlieko. Cesto by malo byť husté a lepkavé . Cesto po lyžičkách pridávajte do vriacej polievky.

Halušky uvaríme cca. 8 až 10 minút. odkryté

19. Marhuľová dijonská glazovaná morka

Výťažok: 6 porcií

Zložka

- 6 kociek kuracieho bujónu
- 1½ šálky nevarenej dlhozrnnej bielej ryže
- ½ šálky strúhaných mandlí
- ½ šálky nasekaných sušených marhúľ
- 4 zelené cibule s vrcholmi; nakrájané na plátky
- ¼ šálky nasekanej čerstvej petržlenovej vňate
- 1 lyžica pomarančovej kôry
- 1 lyžička Sušený rozmarín; rozdrvený
- 1 lyžička Sušené lístky tymianu
- 1 vykostená polovica morčacích pŕs - asi 2 1/2 libry
- 1 šálka Marhuľový džem alebo pomarančový džem
- 2 lyžice dijonskej horčice

Smery:

Pre bylinkový pilaf priveďte vodu do varu. Pridajte bujón . Odstráňte z tepla do misy. Pridajte všetky zostávajúce prísady pilaf okrem moriaka; dobre premiešame. Na ryžovú zmes položte morku .

Prikryjeme a pečieme 45 minút

Vyberte moriaka z rúry; opatrne vyberte Baker with Oven Mitts.

Tesne pred podávaním premiešajte pilaf, podávajte s morčacím mäsom a omáčkou.

20. Kuracie mäso a ryža na bylinkovej omáčke

Výťažok: 4 porcie

Zložka

- ¾ šálky horúcej vody
- ¼ šálky bieleho vína
- 1 lyžička granúl kuracieho bujónu
- 4 (4 oz.) polovice kuracích pŕs zbavené kože a vykostené
- ½ lyžičky kukuričného škrobu
- 1 lyžica vody
- 1 balenie syra typu Neufchatel s bylinkami a korením
- 2 šálky varenej dlhozrnnej ryže

Smery:

Priveďte horúcu vodu, víno a bujónové granule do varu vo veľkej panvici na stredne vysokej teplote. Znížte teplotu a pridajte kuracie mäso, varte 15 minút; otáčanie po 8 minútach. Po dokončení kurča vyberte, udržujte v teple. Tekutinu na varenie priveďte do varu, znížte na ⅔ šálky.

Zmiešajte kukuričný škrob a vodu a pridajte do tekutiny. Priveďte do varu a za stáleho miešania varte 1 minútu. Pridajte smotanový syr a varte, kým sa dobre nezmieša, za stáleho miešania drôtenou metličkou. Slúžiť:

Vrchná ryža s kuracím mäsom, lyžica omáčky na kura

21. Kuracie mäso na smotane a bylinkách

Výťažok: 6 porcií

Zložka

- 6 Kuracie stehná zbavené kože a kostí
- Univerzálna múka ochutená soľou a korením
- 3 lyžice masla
- 3 lyžice olivového oleja
- ½ šálky suchého bieleho vína
- 1 lyžica citrónovej šťavy
- ½ šálky smotany na šľahanie
- ½ lyžičky sušeného tymiánu
- 2 lyžice mletej čerstvej petržlenovej vňate
- 1 citrón, nakrájaný na plátky (obloha)
- 1 polievková lyžica kapary, opláchnuté a scedené (obloha)

Smery:

Vo veľkej panvici zohrejte 1½ polievkovej lyžice z každého masla a oleja. Pridajte kúsky kuracieho mäsa, ako sa zmestí, bez pretlačenia. Cook

Pridajte víno a citrónovú šťavu do panvice a varte na mierne vysokej teplote, miešajte, aby sa zmiešali zhnednuté častice. Varte, zredukujte asi na polovicu

Pridajte smotanu na šľahanie, tymián a petržlenovú vňať; varíme, kým omáčka mierne nezhustne. Nalejte akúkoľvek mäsovú šťavu z ohrievacieho taniera do omáčky.

Omáčku upravte na dochutenie podľa chuti. Polejeme mäsom a ozdobíme petržlenovou vňaťou, plátkami citróna a kaparami

22. Kuracia madeira na sušienkach

Výťažok: 6 porcií

Zložka

- 1½ libry kuracie prsia
- 1 polievková lyžica oleja na varenie
- 2 strúčiky cesnaku, mleté
- 4½ šálky rozštvrtených čerstvých húb
- ½ šálky nakrájanej cibule
- 1 šálka kyslá smotana
- 2 polievkové lyžice univerzálnej múky
- 1 šálka odstredeného mlieka
- ½ šálky kuracieho vývaru
- 2 lyžice madeiry alebo suchého sherry

Smery:

Kuracie mäso varte v horúcom oleji na stredne vysokej teplote 4 - 5 minút alebo kým prestane byť ružové. Pridajte cesnak, šampiňóny a cibuľu na panvicu. Varte odokryté 4 - 5 minút alebo kým sa tekutina neodparí.

V miske zmiešame kyslú smotanu, múku, ½ lyžičky soli a ¼ lyžičky korenia. Pridajte zmes kyslej smotany, mlieko a vývar do panvice. Pridajte kuracie mäso a Madeiru alebo sherry; teplo cez.

Podávajte cez bylinkové sušienky.

Ak chcete, posypte jemne nakrájanou zelenou cibuľkou

23. Kuracia polievka s bylinkami

Výťažok: 7 porcií

Zložka

- 1 šálka sušenej fazule cannellini
- 1 lyžička Olivový olej
- 2 póry, orezané - umyté
- 2 mrkvy - ošúpané a nakrájané na kocky
- 10 mililitrov cesnaku - nasekaného nadrobno
- 6 Slivkové paradajky -- semená a
- 6 Nové zemiaky
- 8 šálok domáceho kuracieho vývaru
- ¾ šálky Suché biele kňučanie
- 1 Vetvička čerstvého tymiánu
- 1 vetvička čerstvého rozmarínu
- 1 Bobkový list

Smery:

Fazuľu prepláchneme a vyberieme, podlejeme vodou a necháme namočiť 8 hodín alebo cez noc. Vo veľkom hrnci zohrejte olej na stredne nízkej teplote. Pridajte pór, mrkvu a cesnak; varíme do zmäknutia, asi 5 minút. Vmiešame paradajky a varíme 5 minút. Pridajte zemiaky a varte 5 minút.

Pridajte kurací vývar, víno a bylinky; priviesť do varu. Fazuľu sceďte a pridajte do hrnca; varíme 2 hodiny, alebo kým fazuľa nezmäkne.

Pred podávaním odstráňte bobkový list a vetvičky byliniek.

24. Kuracie mäso s vínom a bylinkami

Výťažok: 4 porcie

Zložka

- Vyprážanie kurčaťa
- ½ lyžičky oregano
- ½ lyžičky bazalky
- 1 šálka suchého bieleho vína
- ½ lyžičky cesnakovej soli
- ½ lyžičky Soľ
- ¼ lyžičky papriky

Smery:

Kurča umyte a nakrájajte. Na malom množstve oleja opečieme kuracie kúsky zo všetkých strán. Vylejte prebytočný olej. Pridajte víno a korenie a dusíme 30 až 40 minút, alebo kým kurča nezmäkne.

BYLINKOVÉ CESTOVINY

25. Bylinkové ravioli

Zložka

- 2 pláty čerstvých cestovín 8,5 x 11 "
- 1¼ šálky Ricotta syr; bez tuku
- ¾ šálky Talianske strúhanky
- ¼ šálky Čerstvá bazalka a ¼ šálky Čerstvá petržlenová vňať; nasekané
- ⅛ lyžičky oregana o a ⅛ muškátového oriešku
- Soľ a čierne korenie
- Pošírovaný paradajkový základ
- 2 veľké Paradajky; zrelý
- 2 strúčiky cesnaku; na tenké plátky
- 6 lístkov čerstvej bazalky

Smery:

Vo veľkej mise zmiešajte ricottu, strúhanku, bazalku, petržlenovú vňať, oregano, muškátový oriešok, soľ a čierne korenie.

Plátky cestovín položte naplocho na pracovnú plochu a nakvapkajte štyri rovnaké časti (asi ¼ šálky) zmesi ricotty na 4 kvadranty na ľavej polovici každého plátu cestovín. Preložte pravú polovicu listu cestovín cez druhú polovicu. Zatlačte okolo každého syra, aby ste ho utesnili.

Vo veľkom hrnci priveďte do varu vodu. Ravioli vhoďte do vody a varte 3-5 minút. Paradajky umyte, ošúpte a nahrubo nakrájajte. Odložte bokom. Cesnak krátko orestujeme, pridáme paradajky, bazalku, vodu a soľ

Prikryte a varte 5 minút. Na 4 servírovacie taniere naneste lyžičkou paradajkovú zmes a na každý tanier dajte dve ravioli.

26. Linguine s miešanou bylinkou

Výťažok: 1 porcia

Zložka

- 4 stredné mrkvy
- 3 stredné cukety
- 1 libra sušený linguine
- 1 šálka Balených čerstvých plochých petržlenových listov
- ½ šálky Balené lístky čerstvej bazalky
- 1 polievková lyžica lístkov čerstvého tymiánu
- 1 polievková lyžica čerstvých listov rozmarínu
- 1 polievková lyžica čerstvých listov estragónu
- ½ šálky čerstvo nastrúhaného parmezánu
- ⅓ šálky olivového oleja
- ¼ šálky vlašských orechov; opečené dozlatista
- 1 lyžica balzamikového octu

Smery:

V 6-litrovej kanvici priveďte do varu 5 litrov osolenej vody. Pridajte linguine a varte 8 minút, alebo kým nie sú takmer mäkké. Pridajte mrkvu a varte 1 minútu. Pridajte cuketu a varte 1 minútu. Rezervujte si ⅔ šálky vody na varenie a sceďte cestoviny a zeleninu.

Vo veľkej mise zmiešajte pesto a odloženú horúcu vodu na varenie. Pridajte cestoviny a zeleninu a dobre premiešajte.

V kuchynskom robote zmiešajte všetky **ingrediencie** so soľou a korením podľa chuti, až kým nebudú hladké.

27. Farfalle s bylinkovou omáčkou

Výťažok: 1 porcia

Zložka

- 2 strúčiky cesnaku - mleté
- 1 lb. farfalle - varené
- 2 c vetvičky čerstvej mäty
- ¾ extra panenský olivový olej
- ½ c zeleninového vývaru
- 1½ lyžičky soli
- ½ ČL čerstvej papriky
- 1 polievková lyžica citrónovej šťavy
- ½ c vlašských orechov, opražených, nasekaných
- ½ c parmezánu

Smery:

Do mixéra alebo kuchynského robota pridajte bylinky a cesnak a kým stroj beží, pokvapkajte ½ olivového oleja, zeleninovým vývarom a potom zvyškom oleja. Pridajte soľ, korenie a citrón, premiešajte a ochutnajte a dochuťte.

Ešte teplé premiešame s uvarenými cestovinami, vmiešame orechy a syr. Ozdobte vetvičkami čerstvých byliniek.

28. Vaječné rezance s cesnakom

Výťažok: 4 porcie

Zložka

- ½ libry vaječných rezancov
- 4 veľké strúčiky cesnaku
- 1 ½ šálky zmiešaných bylín
- 2 polievkové lyžice extra panenského olivového oleja
- Soľ a korenie

Smery:

Cestoviny uvarte vo veľkom hrnci s vriacou osolenou vodou do mäkka, ale stále tuhého, 7-9 minút. Dobre sceďte.

Medzitým nakrájajte cesnak, nasekajte bylinky; budete mať asi 1 šálku.

Zmiešajte olivový olej a cesnak vo veľkej panvici. Varte na miernom ohni za občasného miešania, kým cesnak nerozvonia, ale nezhnedne, 2-3 minúty. Odstavíme z ohňa a vmiešame nasekané bylinky.

Uvarené rezance pridáme na panvicu a premiešame. Dochutíme soľou a korením podľa chuti a dobre premiešame

29. Cappelini s bylinkovým špenátom

Výťažok: 6 porcií

Zložka

- 8 uncí Angel vlasových cestovín (cappelini)
- 10 uncí mrazeného špenátu
- 1 libra čerstvého špenátu
- 1 lyžica panenskej olivy
- 1 cibuľa; nasekané
- 2 lyžice čerstvej petržlenovej vňate
- ½ lyžičky sušených listov bazalky
- ½ lyžičky sušené listové oregano
- ½ lyžičky mletého muškátového oriešku
- Soľ a korenie podľa chuti
- 2 lyžice strúhaného parmezánu;

Smery:

Priveďte do varu veľkú kanvicu s vodou a varte cestoviny al dente, 3 minúty. Nechajte odkvapkať v cedníku; odložiť. Medzitým vložte mrazený špenát do parnej mriežky nad vriacou vodou, kým mierne nezvädne.

Na nepriľnavej panvici rozohrejeme olej a opražíme cibuľu , kým nezmäkne. Vložte špenát, cibuľu, petržlen, bazalku, oregano, muškátový oriešok, soľ a korenie do mixéra kuchynského robota s kovovou čepeľou a spracujte na pyré . Vložte cestoviny do servírovacej misy, prelejte omáčkou a posypte parmezánom

30. Gnocchi s hubami

Výťažok: 3 porcie

Zložka

- 2 veľké zemiaky na pečenie
- 2 vajcia
- 1 šálka múky; alebo menej
- 1 soľ; ochutnať
- 1 lyžica masla
- 1 šálka nakrájaných húb shiitake
- 1 šálka paradajkovej tobolky
- nasekané bazalka / petržlen / pažítka
- 1 parmezán; na ozdobu

Smery:

Zemiaky po celom povrchu napichajte vidličkou; pečieme do mäkka, 45 minút až 1 hodinu. Odstráňte a pridajte vajcia, potom pridajte dostatok múky. Dochutíme soľou a korením

Cesto preložíme do cukrárskeho vrecka a vylejeme z neho dlhé valce. Ochlaďte do stuhnutia. Každý valec nakrájajte na 1-palcové kúsky. Pracovnú plochu zľahka pomúčte a kúsky, jeden po druhom, vyvaľkajte na vidličke alebo cez hmoždinku na halušky. Varte.

Premiešame s hubovou zmesou a bylinkami;

BYLINKOVÉ MORSKÉ PLODY

31. Bylinkový krevetový krém

Výťažok: 4 porcie

Zložka

- ½ Prilepte nesolené maslo
- 4 médiá Šalotka; najemno posekané
- 1-litrový ťažký krém
- 2 šálky Suché biele víno
- 1 libra krevety; bobkový, malý, olúpaný
- 1 polievková lyžica Citrónová šťava
- 1 polievková lyžica Dill
- 1 polievková lyžica Estragón; najemno posekané
- 2 lyžičky Petržlen
- 2 lyžičky Pažítka; najemno posekané
- ¾ lyžičky Soľ

Smery:

Vo veľkej panvici alebo panvici rozpustite maslo na miernom ohni. Pridajte šalotku a restujte „do mäkka, 2-3 minúty.

Pridáme smotanu a biele víno, zvýšime teplotu a prudko varíme, kým omáčka nezhustne a nezredukuje sa asi na polovicu, 15-20 minút za stáleho miešania, aby sa nepripálila na dne.

Vmiešajte krevety a zvyšnú zložku s. Varte, kým sa nezahreje, 1 až 2 minúty.

32. Malajzijská bylinná ryža

Zložka

- 400 gramov Čerstvý losos
- 2 polievkové lyžice sójová omáčka a 2 polievkové lyžice Mirin
- 6 šálok Varená jazmínová ryža
- Listy kafírovej limetky
- ½ šálky Opekané; strúhaný kokos
- Kurkuma/ galangal; olúpané
- 3 polievkové lyžice Rybacia omáčka

Obliekanie

- 2 malé červené chilli papričky; semená a mleté
- ½ šálky Thajská bazalka
- ½ šálky Vietnamská mincovňa
- 1 zrelé avokádo; olúpané
- 1 červená chilli papričky ; mletý
- 2 strúčiky cesnaku; mletý
- ⅓ šálky Limetkový džús

Smery:

Zmiešajte sóju a mirin a nalejte na ryby a nechajte 30 minút marinovať. Rozohrejte grilovaciu panvicu alebo gril a potom rybu opečte dozlatista.

Julienne kurkuma, galangal, chilli a kaffir lime listy a zmiešajte s uvarenou ryžou. Pridajte opečený kokos, bazalku a mätu a premiešajte s rybacou omáčkou. Odložte bokom.

Všetky ingrediencie dresingu rozmixujte na pyré a potom dresing premiešajte cez ryžu, kým ryža nebude mať svetlozelenú farbu. Uvarenú rybu olúpeme a pridáme k ryži.

33. Anjelské vlasy s údeným lososom

Výťažok: 4 porcie

Zložka

- 8 uncí cestovín na vlasy Angel; nevarené
- 6 uncí údeného lososa; na tenké plátky
- 3 lyžice olivového oleja
- 1 veľký cesnak; najemno posekané
- 2¼ šálky Nasekané; semenáčikové paradajky
- ½ šálky Suché biele víno
- 3 lyžice Scedené veľké kapary
- 1½ čajovej lyžičky kôprovej buriny Spice Islands
- 1½ čajovej lyžičky sladkej bazalky Spice Islands
- ½ šálky parmezánu; čerstvo nastrúhaný
- 2 šálky paradajok, víno

Smery:

Pripravte cestoviny podľa návodu na obale.

Medzitým nakrájajte lososa pozdĺž zrna na ½-palcové široké prúžky; odložiť.

Vo veľkej panvici zohrejte olej na stredne vysokej teplote, kým nebude horúci; uvaríme a miešame cesnak do zlatista.

Miešajte kapary, kôpor a bazalku; varíme, kým zmes nie je horúca, za občasného miešania.

Vo veľkej miske zmiešajte cestoviny a paradajkovú zmes; hodiť kombinovať.

Pridajte losos a syr; zľahka prehodiť. Ak chcete, ozdobte zvyšnými paradajkami a petržlenovou vňaťou.

34. Treska s bylinkami

Výťažok: 4 porcie

Zložka

- 3 šálky vody
- ½ šálky nakrájaného zeleru
- 1 balenie Instantný kurací vývar
- ½ citróna
- 2 polievkové lyžice dehydrovaných cibuľových vločiek
- 1 lyžička Čerstvá petržlenová vňať, nasekaná
- ½ každého bobkového listu
- ⅛ lyžičky Mleté klinčeky
- ⅛ lyžičky tymianu
- 4 každý steaky z tresky zbavené kostí a kože
- 2 médiá Paradajky, nakrájané na polovicu
- 2 médiá Zelená paprika zbavená semien a nakrájaná na polovicu

Smery:

V 12-palcovej panvici zmiešajte vodu, zeler, vývar, citrón, cibuľové vločky, petržlen, bobkový list, klinčeky a tymian. Priveďte do varu a potom znížte teplotu na var. Pridajte rybu a varte 5 až 7 minút. Pridajte polovičky paradajok a zeleného korenia a dovarte, kým sa ryby ľahko nelúpajú. Odstráňte ryby a zeleninu, udržiavajte v teple.

Tekutinu varte, kým sa nezredukuje na polovicu. Odstráňte citrón a bobkový list. Vložte tekutinu a polovicu varených paradajok a papriky do nádoby mixéra. Pyré do hladka

Nalejte na ryby a zvyšné paradajky a papriky.

35. Studený pošírovaný losos

Výťažok: 1 porcia

Zložka

- 6 Bez kože; (6 uncí) filety z lososa
- Soľ a biele korenie
- 3 šálky rybieho vývaru alebo mušľovej šťavy
- 1 zväzok oregana
- 1 zväzok bazalky
- 1 zväzok petržlenu
- 1 zväzok Tymiánu
- 6 paradajok; ošúpané, semená a nakrájané na kocky
- ½ šálky extra panenského olivového oleja
- 1½ lyžičky Soľ
- ½ lyžičky čerstvo mletého čierneho korenia

Smery:

Lososa dochutíme soľou a korením

Vývar alebo šťavu priveďte do varu na veľkej panvici odolnej voči rúre . Pridajte ryby tak, aby sa sotva dotýkali, a priveďte tekutinu späť do varu. Preložíme do rúry a pečieme 5 minút , pričom ryby obraciame

Na prípravu dresingu odstráňte stonky a jemne nasekajte všetky bylinky. Zmiešajte všetky ingrediencie v malej miske a uložte do chladničky.

36. Filety z kôprových bylín

Výťažok: 4 porcie

Zložka

- 2 kilové filé z červeného chňapalu
- ¾ lyžičky soli
- ½ lyžičky mletého korenia
- ½ šálky olivového oleja
- 1½ lyžičky mletej petržlenovej vňate
- 1 lyžica mletej šalotky, korenie
- 1 x hunter lyofilizovaný alebo čerstvý
- 1 štipka oregana
- ¼ šálky čerstvo vylisovanej citrónovej šťavy

Smery:

Rybu poukladajte do jednovrstvovej, olejom vymastenej, plytkej zapekacej misky. Posypeme olejom, petržlenovou vňaťou, šalotkou, kôprom a oreganom. Pečte v predhriatej rúre na 350 stupňov F, kým sa mäso pri testovaní vidličkou sotva oddelí - 15 až 20 minút. Počas pečenia dvakrát polievame šťavou z panvice. Odstráňte rybu do servírovacej misky.

Citrónovú šťavu zamiešajte do odkvapkanej panvice a potom nalejte na rybu.

37. Do chrumkava pečené ryby a bylinky

Výťažok: 4 porcie

Zložka

- 4 kusy filé z bielej ryby
- 1 lyžica vody
- $\frac{1}{8}$ lyžičky citrónového korenia
- 1 lyžička Nízkotučný margarín, roztopený
- 1 vaječný bielok
- $\frac{1}{2}$ šálky kukuričných lupienkov
- 2 čajové lyžičky nasekanej čerstvej petržlenovej vňate

Smery:

Predhrejte rúru na 400 F. Stredne veľký plytký pekáč zľahka postriekajte zeleninovým sprejom. Rybu opláchnite a osušte.

V malej miske vyšľaháme vaječný bielok s trochou vody. Rybu namočte do vaječného bielka a potom obalte v strúhanke. Umiestnite ryby do pekáča. Posypeme citrónovým korením a petržlenovou vňaťou, potom všetko pokvapkáme margarínom.

Pečieme odokryté 20 minút alebo kým sa ryba ľahko nelúpe

38. Fettuccine s krevetami

Výťažok: 2 porcie

Zložka

- 1 balenie Lipton krémová bylinková polievková zmes
- 8 uncí kreviet
- 6 uncí Fettuccini, varené
- 1¾ šálky mlieka
- ½ šálky hrášku
- ¼ šálky parmezánu, strúhaného

Smery:

Polievkovú zmes zmiešame s mliekom a privedieme do varu. Pridajte krevety a hrášok a varte 3 minúty, kým krevety nezmäknú. Posypeme horúcimi rezancami a syrom. Robí 2 porcie.

39. Mušle s cesnakom

Výťažok: 1 porcia

Zložka

- 1 kilogram Čerstvé živé mušle
- 2 šalotky alebo 1 malá cibuľa
- 200 mililitrov Suché biele víno
- 1 Bobkový list
- 1 vetvička petržlenu
- 125 gramov masla
- 1 polievková lyžica nasekanej petržlenovej vňate; až 2
- 2 strúčiky cesnaku; rozdrvený
- Čerstvo mleté čierne korenie
- 2 lyžice čerstvej bielej strúhanky na dokončenie
- 250 gramov Morská soľ na prezentáciu

Smery:

Nakrájajte cibuľu a vložte ju na panvicu dobrej veľkosti s vínom, bobkovým listom, tymianom a petržlenovou vňaťou a potom ich priveďte do varu. Pridajte mušle, skontrolujte, či sú zatvorené, a všetky otvorené vyhoďte. Panvicu prikryjeme a dusíme 5 alebo 6 minút, alebo kým sa mušle neotvoria.

Maslo vyšľaháme a dôkladne vmiešame petržlenovú vňať a cesnak s trochou čierneho korenia. Na každú slávku položte 1/2 ČL, pridajte jemnú strúhanku a vložte na 2-3 minúty pod rozpálený gril.

Slávky podávajte horúce na lôžku s morskou soľou.

40. Ryba z Karibiku s vínom

Výťažok: 1 porcia

Zložka

- 1 šálka ryže alebo kuskusu - varené
- 4 listy pergamenového papiera, fólie
- 2 menšie cukety
- 1 Čile poblano
- Pasillo - v tenkých prúžkoch
- 1 libra Pevná biela ryba bez kostí
- 4 médiá Paradajky
- 10 čiernych olív
- 1 lyžička Každá nasekaná čerstvá bazalka
- Tymián - estragón
- Petržlen a zelená cibuľka
- 1 vajce

Smery:

Položte na plech a pečte 12 minút alebo kým nebude ryba hotová! Do stredu položte ½ šálky uvarenej ryže .

Ku každej porcii pridajte ½ šálky cuketových pásikov, kúsok ryby, ¼ šálky nakrájaných paradajok a 3 tenké pásiky čili .

Na každú porciu posypte štvrtinu nasekaných olív a na vrch pridajte ¼ čerstvých byliniek.

Spojte všetku omáčku Prísady a pyré . Nalejte do malého hrnca a priveďte do varu na strednom ohni. Kmeň

41. Morský čert s cesnakovou bylinkou

Výťažok: 4 porcie

Zložka

- 700 gramov Filetované chvosty morského čerta
- 85 gramov Maslo
- 2 strúčiky cesnaku - rozdrvené
- Vajíčko (rozšľahané)
- Šťava z jedného citróna
- 1 lyžička Jemne nasekané bylinky
- Okorenená múka

Smery:

Zmäknite maslo a pridajte bylinky a cesnak. Kľud. -- Do každého filé z čerta urobte zárez a zabaľte ho vychladeným bylinkovým maslom. Zložte, aby ste priložili maslo. Každý kúsok zamiešame do ochutenej múky, namočíme do rozšľahaného vajíčka a obalíme v strúhanke. Drobku pevne pritlačte na rybu.

Rybu vložte do maslom vymastenej misky. Na vrch pokvapkáme trochou rozpusteného masla alebo oleja a citrónovou šťavou. Varte 30-35 minút pri 375F/190C.

Podávajte naraz.

BYLINKOVÉ BRAVČOVÉ A JAHNIČNÉ MÄSO

42. H erbed bravčové rezne

Výťažok: 4 porcie

Zložka

- 1 vajce
- ⅓ šálky suchej strúhanky
- ¼ šálky čerstvej bazalky, nasekanej
- 2 polievkové lyžice čerstvého oregana, nasekaného
- 1 lyžica parmezánu, čerstvo nastrúhaného
- 1 lyžička čerstvého tymiánu, nasekaného
- ½ lyžičky papriky
- ¼ lyžičky soli
- 1 libra Rýchlo opečené bravčové rezne
- 2 lyžice Rastlinný olej

Smery:

V plytkej miske zľahka rozšľaháme vajíčko. V samostatnej plytkej miske zmiešajte strúhanku, bazalku, oregano, parmezán, tymian, korenie a soľ. Ponorte bravčové mäso do vajíčka, aby sa dobre obalilo; vtlačte do strúhankovej zmesi a otáčajte, aby sa celá obalila.

Vo veľkej panvici zohrejte polovicu oleja. Pri strednom ohni; varte bravčové mäso v dávkach a ak je to potrebné, pridajte zvyšný olej, raz otočte, 8-10 minút alebo kým vo vnútri nezostane len ružový nádych. Podávame s novými červenými zemiakmi a žltou fazuľou.

43. Kláštorná bylinková klobása

Výťažok: 1 porcia

Zložka

- 400 gramov chudého bravčového mäsa
- 400 gramov chudého hovädzieho mäsa
- 200 gramov zeleného bravčového tuku alebo tuku
- Bravčový bôčik bez kože
- 20 gramov soli
- 2 čajové lyžičky jemne mletého bieleho korenia
- 1 lyžička Tymiánu
- 1 lyžička majoránky
- 5 kusov papriky
- 1 kus jemne mletý
- Škorica

Smery:

Bravčové mäso, hovädzie mäso a tuk pomelte cez 8 mm kotúč. Zmiešajte bylinky a koreniny a posypte mäsovou hmotou a všetko spolu ručne miešajte 5-10 minút.

Nasaďte lievik na mixér a naplňte bravčové črevá. Otočte do zvolenej dĺžky.

44. Jahňacie filé s bylinkami

Výťažok: 4 porcie

Zložka

- 450 gramov Filet z jahňacieho krku
- 1 lyžička Sušený tymián
- 1 lyžička Sušený rozmarín
- 2 strúčiky cesnaku nakrájané na tenké plátky
- 2 lyžice olivového oleja
- Soľ a čerstvo mleté čierne korenie

Smery:

Každý kus jahňacieho mäsa rozrežte priečne na polovicu, potom pozdĺžne, nie úplne, rozrežte a otvorte ako knihu. Na bezpečné pečenie na grile by každý kus nemal byť hrubší ako 2 cm/$\frac{3}{4}$ palca. Ak je hrubší, zľahka zašľahajte valčekom medzi 2 kusy potravinovej fólie.

Zmiešajte všetky zvyšné ingrediencie v miske a pridajte jahňacie mäso. Dobre premiešajte, potom prikryte a za občasného otáčania nechajte v chladničke 48 hodín.

Mäso položte na grilovaciu mriežku a opekajte 4-5 minút z každej strany.

Uistite sa, že je dôkladne uvarený. Počas varenia jemne potrieme marinádou.

BYLINKOVÁ ZELENINA

45. Špargľa s bylinkovým dresingom

Výťažok: 4 porcie

Zložka

- 1 libry špargle; stonky olúpané
- 1 v prípade potreby
- 1 šťava a kôra z 1 citróna
- ½ šálky olivového oleja
- 1 lyžice nasekanej čerstvej pažítky
- 1 lyžice nasekaného čerstvého kôpru
- 1 lyžice nasekanej čerstvej petržlenovej vňate
- 1 lyžička nasekanú mätu
- soľ
- čerstvo mleté čierne korenie

Smery:

Vo veľkom hrnci s vriacou osolenou vodou blanšírujte špargľu do mäkka, ale nie do kaše. Sceďte a „šokujte" oštepy v ľadovej vode, aby sa rýchlo ochladili. Scedíme a vysušíme. V malej miske rozšľaháme zvyšné ingrediencie, kým nezomulgujú; dochutíme soľou a korením.

Tesne pred podávaním pokvapkajte špargľu citrónovým dresingom.

46. Bylinkový kukuričný kastról

Výťažok: 1 porcia

Zložka

- 1 šálka mlieka
- ½ šálky majonézy
- 1 vajce, dobre rozšľahané
- 1 plechovka Kukurica z celých zŕn, scedená
- 1 šálka zmesi na plnku do chleba s bylinkami
- 1 malá cibuľa, mletá
- 1 lyžička petržlenových vločiek
- 1 šálka suchej strúhanky
- 2 lyžice Oleo

Smery:

Zmiešajte mlieko a majonézu, dobre premiešajte. Pridáme vajce, kukuricu, plnku, cibuľu a petržlenovú vňať. Vylejeme do vymastenej a múkou vysypanej 8-palcovej okrúhlej formy na pečenie. Pomiešame strúhanku s rozpusteným oleom. Posypte kukuričnou zmesou.

Pečieme pri 350 stupňoch 30 minút.

47. Hrebenatka bylinková kukuričná

Výťažok: 4 porcie

Zložka

- 2 vajcia
- 2 plechovky smotanovej kukurice (2 lb.)
- ½ šálky mlieka
- 4 polievkové lyžice roztopeného margarínu
- 2 lyžice mletej cibule
- ½ lyžičky Soľ
- ¼ lyžičky papriky
- 2 šálky Hotová bylinková ochutená plnka

Smery:

V strednej miske mierne rozšľaháme vajcia, vmiešame kukuricu, mlieko, maslo, cibuľu, soľ a korenie. Lyžica ½ kukuričnej zmesi do vymastenej 8 šálkovej zapekacej misky; posypte plnkou na rovnomernú vrstvu zhora; lyžicu zvyšnej kukuričnej zmesi na plnku

Pečte pri 350 stupňoch 1 hodinu, alebo kým stred nie je takmer stuhnutý, ale stále mierne vlhký

48. Pečená bylinková ryža s pekanovými orechmi

Výťažok: 4 porcie

Zložka

- 6 lyžíc masla
- 1 šálka nakrájaných čerstvých húb
- ½ šálky nakrájanej šalotky
- 1 šálka dlhozrnnej ryže
- ½ šálky nasekaných pekanových orechov - opečených
- 1 ¼ šálky vývaru
- Soľ a čerstvo mleté korenie
- 1 lyžica worcesterskej omáčky
- 1 lyžička sušeného tymiánu
- 1 lyžička sušený rozmarín
- 2 unce Pimentos - nasekané
- 2 polievkové lyžice nasekanej -- čerstvej petržlenovej vňate
- Tabasco podľa chuti
- 2 Bobkové listy

Smery:

Predhrejte rúru na 350 stupňov. Na ťažkej panvici odolnej v rúre roztopte maslo.

Orestujte huby a šalotku do mäkka

Pridajte ryžu a pekanové orechy a miešajte, kým sa nepotiahnu maslom. Pridajte zvyšné ingrediencie a priveďte do varu. Odstráňte z tepla, prikryte a pečte 1 hodinu alebo kým ryža nezmäkne. Odstráňte bobkové listy; ozdobíme pekanovými orechmi a podávame horúce.

49. Zeleninový šalát

Výťažok: 6 porcií

Zložka

- 1 ½ libry špargle
- 3 Tenké mrkvy, olúpané
- ¼ libry cukrového hrášku
- strúčik cesnaku, ošúpaný a mletý
- 2 čajové lyžičky dijonskej horčice vidieckeho štýlu
- 2 lyžice citrónovej šťavy
- 1 lyžica ryžového alebo bieleho vínneho octu
- Soľ a čerstvo mleté korenie Ochutnajte
- 2 polievkové lyžice mletých bylín
- 3 Slivkové paradajky nakrájané na tenké plátky

Smery:

Panvicu s vodou priveďte do varu. Pridajte špargľu . Pridajte mrkvu a hrášok; čas 2 minúty. Scedíme a ponoríme zeleninu do ľadovej vody.

Keď zelenina vychladne, scedíme ju a zabalíme do papierových utierok. Vložte do plastového vrecka a ochlaďte.

V mixéri alebo v malom kuchynskom robote zmiešajte cesnak, horčicu, citrónovú šťavu a ocot. Pomaly pridajte olej, miešajte, kým sa nezmení emulzia. Pridajte soľ, korenie a bylinky.

Keď čítate na podávanie, spojte špargľu, mrkvu a hrášok s paradajkami. Nalejte dresing na zeleninu, miešajte, kým nebude dobre pokrytá.

.

50. Cícerový a bylinkový šalát

Výťažok: 2 porcie

Zložka

- 1 plechovka Cícer (16 oz.)
- 1 médium Uhorka, olúpaná
- 1 veľká paradajka
- 1 Červená paprika zbavená semienok a nakrájaná na kocky
- 2 cibuľky, nasekané
- 1 avokádo
- ⅓ šálky olivového oleja
- 1 citrón
- ¼ lyžičky soli
- ⅛ lyžičky bieleho korenia
- 8 Listy čerstvej bazalky, nasekané
- ⅓ šálky kôpru, čerstvého

Smery:

Cícer scedíme a dobre prepláchneme. Uhorku nakrájame na tenké plátky a potom ich rozpolíme. Paradajky nakrájame na mesiačiky a potom ich rozpolíme. Do misy vložte uhorky a kúsky paradajok, ako aj červenú papriku a cibuľku. Odložte bokom. Avokádo nakrájané na kocky. Vložte do veľkej misy a pridajte olej a šťavu z polovice citróna.

Pridajte soľ, korenie a bazalku. Premiešame vidličkou (avokádo bude krémové). Pridajte zeleninu a kôpor do avokádovej zmesi. Jemne prehadzujte. Pridáme cícer a premiešame. Ochutnajte a podľa potreby pridajte citrón, soľ a korenie. Podávajte. Dá sa pripraviť vopred a v chladničke.

51. Letná tekvicová polievka

Výťažok: 1 porcia

Zložka

- 4 stredné cukety; umyte, nakrájajte na 1"
- 1 veľká žltá tekvica s krčným krkom; umyte, nakrájajte na 1"
- 1 panvica Squash; rozštvrtený
- 1 veľká cibuľa; na tenké plátky
- 1 lyžička cesnaku; jemne mletý
- 3 šálky kuracieho vývaru; odtučnený (3 až 3,5)
- Soľ a čerstvo pomleté biele korenie; ochutnať
- 2 polievkové lyžice čerstvej bazalky; najemno posekané
- 2 lyžice čerstvej petržlenovej vňate; najemno posekané
- 1 lyžica citrónovej šťavy
- 1 šálka cmaru
- Čerstvá bazalka; nasekané
- Čerstvá petržlenová vňať; nasekané

Smery:

Do veľkého hrnca vložte všetku tekvicu. Pridajte cibuľu, cesnak, vývar a soľ a korenie; priveďte do varu, prikryte, znížte teplotu a varte 20 až 25 minút .

Pyré v kuchynskom robote alebo mixéri s bazalkou, petržlenovou vňaťou a citrónovou šťavou do hladka

Vmiešame cmar

Keď je pripravený na podávanie, rozšľahajte do hladka a dochuťte soľou a korením.

52. Čerstvé bylinky a parmezán

Výťažok: 6 porcií

Zložka

- 5 šálok kuracieho alebo zeleninového vývaru
- 3 lyžice olivového oleja
- ½ veľkej cibule; nasekané
- 1½ šálky ryže Arborio
- ½ šálky suchého bieleho vína
- ¾ šálky parmezánu; strúhaný
- 1 šálka zmiešaných čerstvých byliniek
- ½ šálky pečenej červenej papriky; nasekané
- Soľ a korenie; ochutnať

Smery:

V malom hrnci na silnom ohni priveďte vývar do varu. Znížte teplotu na minimum a udržiavajte tekutinu horúcu.

Orestujte cibuľu, pridajte ryžu a miešajte, kým sa v strede zŕn neobjaví biela škvrna, asi 1 minútu. Pridajte víno a miešajte, kým sa nevstrebe . Za stáleho miešania pomaly pridávajte vývar .

Pridajte ¾ šálky parmezánu, bylinky, pečenú papriku a soľ a korenie podľa chuti. Miešajte do zmiešania.

53. Bylinkové zeleninové konfety

Výťažok: 1 porcia

Zložka

- 3 stredné mrkvy; olúpané
- 1 stredná cuketa; konce ostrihané
- 1 lyžička Olivový olej
- $\frac{1}{8}$ lyžičky Mletý muškátový oriešok
- $\frac{1}{8}$ lyžičky tymianu

Smery:

Mrkvu a cuketu nastrúhame na hrubšej strane strúhadla.

V stredne veľkej panvici zohrejte olej na stredne vysokej teplote. Vmiešame zeleninu, muškátový oriešok a tymián. Varte 3 až 4 minúty za občasného miešania, kým zelenina nezvädne.

54. B avarská bylinková polievka

Výťažok: 4 porcie

Zložka

- 1 libra byliniek
- 4 lyžice masla
- 1 veľká cibuľa, nakrájaná
- 1-litrový vodný alebo zeleninový vývar
- 1 veľký zemiak, ošúpaný a nakrájaný na malé kocky
- soľ a korenie
- kocky chleba na krutóny
- žerucha, žerucha, špenát, šťavel

Smery:

V hlbokej panvici rozpustite maslo a jemne na ňom opečte cibuľu, kým nebude priehľadná. Pridajte bylinky a chvíľu ich poduste, než zalejete vodou alebo vývarom. Pridajte zemiak do polievky. Polievku priveďte do varu a potom stíšte oheň. Dusíme 20 minút. Zemiak v polievke roztlačíme, aby trochu zhustol. Ochutnajte a pridajte soľ a čerstvo mleté korenie.

Podávame s chlebovými krutónmi opečenými na masle alebo tuku zo slaniny

55. Pražený bylinkový jačmeň

Výťažok: 1 porcia

Zložka

- 1 veľká cibuľa
- ½ tyčinkového masla
- ½ libry čerstvých húb, nakrájaných na plátky
- 1 šálka perličkového jačmeňa
- 1 lyžička soli
- 3 šálky zeleninového vývaru
- 1 lyžička tymiánu
- ½ lyžičky majoránky
- ½ lyžičky rozmarínu
- ¼ lyžičky šalvie
- ½ lyžičky letného pikantného

Smery:

Cibuľu nakrájame nadrobno. Vo veľkej panvici odolnej voči rúre opečte cibuľu na masle asi 5 minút, kým nebude priehľadná. Pridajte huby a varte ďalšie 3 minúty. Vmiešajte všetky ostatné ingrediencie okrem vývaru a pred pridaním rozdrvte bylinky.

Orestujte na miernom ohni a niekoľko minút miešajte, aby sa jačmeň obalil

Zahrejte vývar v samostatnej panvici a pridajte vývar do zmesi jačmeňa, keď je horúci.

Panvicu prikryte fóliou a pečte asi hodinu v predhriatej rúre na 350 stupňov (F.).

56. Kešu pečienka s bylinkovou plnkou

Výťažok: 1 praženie

Zložka

- 2 unce Maslo
- 1 veľký Cibuľa; nakrájané na plátky
- 8 uncí Nepražené kešu oriešky
- 4 unce Biely chlieb; kôry odstránené
- 2 veľké Strúčiky cesnaku
- Soľ a čerstvo mleté čierne korenie
- Strúhaný muškátový oriešok
- 1 polievková lyžica Citrónová šťava
- 2 unce Maslo (alebo margarín)
- 1 malý Cibuľa; strúhaný
- ½ lyžičky Tymián
- ½ lyžičky Majoránka
- 1 unca petržlen; nasekané

Smery:

Rúru nastavte na 200C/400F/Gas Mark 6 a vyložte bochníkovú formu s hmotnosťou 450 g/1lb dlhým pásom nepriľnavého papiera; trochou masla dobre vymastíme plech a papier. Väčšinu zvyšného masla rozpustíte v stredne veľkej panvici, pridajte cibuľu a smažte asi 10 minút, kým nezmäkne, ale nezhnedne. Odstráňte z ohňa.

Kešu oriešky pomelieme v kuchynskom robote s chlebom a cesnakom a podľa chuti pridáme k cibuli spolu s vodou alebo vývarom soľ, korenie, nastrúhaný muškátový oriešok a citrónovú šťavu. Všetky ingrediencie na plnku spolu zmiešame.

57. Kasha so sušeným ovocím

Výťažok: 6 porcií

Zložka

- 2 lyžice repkového oleja
- 1 veľká cibuľa(y), nasekaná nadrobno
- 3 až 4 stonkový zeler
- 2 lyžice šalvie, mletá
- 2 polievkové lyžice lístkov tymiánu
- Soľ a korenie podľa chuti
- Kôra z 1 citróna, mletá
- 4 šálky uvarených celých krúp kasha uvarených v kuracom vývare pre extra chuť
- 1 šálka zmiešaného sušeného ovocia nakrájaného na kocky
- ½ šálky pražených vlašských orechov

Smery:

Vo veľkej panvici zohrejte olej a za občasného miešania opražte cibuľu, kým nezvädne. Pridajte zeler, šalviu, tymian, soľ a korenie a varte za stáleho miešania ďalších 5 minút.

Vmiešame citrónovú kôru a spojíme s uvarenou kašou. Sušené ovocie sparíme v parnom hrnci na zeleninu, aby zmäklo a pridáme spolu s vlašskými orechmi.

Podávajte horúce ako prílohu alebo použite ako plnku.

BYLINKOVÉ DEZERTY

58. Citrónová bylinková zmrzlina

Výťažok: 1 dávka

Zložka

- 1½ šálky smotany na šľahanie
- 1½ šálky mlieka
- ⅔ šálky cukru
- 3 vaječné žĺtky
- ½ čajovej lyžičky vanilkového extraktu
- ½ citróna kôra a citrónová šťava
- ¼ šálky listov citrónovej verbeny
- ¼ šálky lístkov medovky

Smery:

Miešajte a zahrievajte smotanu, mlieko a cukor, kým sa cukor nerozpustí.

V malej miske zľahka vyšľaháme žĺtky. Do misky nalejte 1 šálku horúcej smotanovej zmesi . Neustále miešame drevenou vareškou . Vmiešame vanilku. Do horúceho zmrzlinového základu vmiešame citrónovú kôru, citrónovú šťavu a natvrdo nabalené citrónové bylinky.

Zmes nalejte do zmrzlinovača a zmrazte podľa pokynov výrobcu.

59. Bylinné želé

Výťažok: 8 pollitrov

Zložka

- 1½ šálky bylinkových listov, čerstvých
- 3½ šálky cukru
- 1 kvapka Potravinárske farbivo, zelené
- 2¼ šálky; Voda, studená
- 2 lyžice citrónovej šťavy
- Pektín, tekutý; vrecko + 2 t.

Smery:

Zmiešajte bylinky a vodu v hrnci; priveďte do varu, zakryte a odstráňte z ohňa a nechajte lúhovať 15 minút. Nalejte do želé vrecka a nechajte jednu hodinu odkvapkať. Mali by ste mať 1-¾ šálky nálevu.

Zmiešajte nálev, citrónovú šťavu, cukor a potravinárske farbivo a varte na vysokej teplote, kým sa úplne nerozvarí. Pridajte tekutý pektín a za stáleho miešania znova priveďte do varu.

Odstráňte z ohňa, nalejte penu a nalejte do sterilizovaných pollitrových pohárov na želé, ponechajte $\frac{1}{4}$" priestoru nad hlavou . Postup ako pri ovocných želé

60. Bylinkové citrónové sušienky

Výťažok: 1 dávka

Zložka

- 1 šálka masla
- 2 šálky cukru; rozdelený
- 2 vajcia
- 1 lyžička vanilkového extraktu
- 2½ šálky múky
- 2 lyžičky prášok do pečiva
- ¼ lyžičky soli
- ⅓ šálky Sušené citrónové bylinky
- ⅓ šálky celkom: Byliny

Smery:

Krémové maslo a 1¾ šálky cukru

Pridajte vajcia a vanilku; dobre poraziť.

Zmiešajte múku, prášok do pečiva, soľ a bylinky. Pridajte do smotanovej zmesi; zmiešať.

Cesto dávajte po lyžičkách , 3" od seba, na vymastený plech.

Pečieme pri 350 F. 8 až 10 minút, alebo kým sotva zhnedne. Mierne vychladnite a potom vyberte na stojan.

61. Kurací kotlíkový koláč s bylinkami

Výťažok: 4 porcie

Zložka

- 2 lyžice masla
- 1 cibuľa, nakrájaná
- ½ lyžičky Mletá čerstvá šalvia a tymián
- 2 čajové lyžičky mletého čerstvého cesnaku
- 2 lyžice mletého zeleného korenia
- 2 lyžice múky
- 1½ až 1 3/4 šálky kurací vývar
- 2 šálky vareného kuracieho mäsa
- 1 polievková lyžica nasekanej sladkej majoránky
- 1 šálka žltej repy
- 2 šálky voskových zemiakov
- 2 šálky mrkvy, olúpané a nakrájané
- Soľ, kajenské korenie

Smery:

V silnom hrnci rozpustite maslo a pridajte cibuľu, šalviu a tymian . Vmiešame cesnak a zelenú papriku .

Repík a zemiaky varíme vo vriacej vode 5 minút. Pridajte mrkvu a varte ďalšie 3 minúty.

Nakrájajte tukový tuk . Vidličkou rozmiešame mlieko. Cesto spolu utrite. Cesto potrieme na hrúbku 1 palca. Keksíky nakrájajte krájačom na sušienky .

62. Bylinkový popover mix

Výťažok: 1 porcia

Zložka

- 2 šálky múky
- 1 lyžička Soľ
- ¼ lyžičky tymianu
- ¼ čajovej lyžičky rozdrobenej šalvie POPOVERS:
- 8 lyžíc masla
- 1 balenie Mix
- 2 šálky mlieka
- 6 vajec
- Zmiešajte: Zmiešajte a skladujte vo vzduchotesnej nádobe.

Smery:

Bylinkové pukance: Predhrejte rúru na 400 a vložte maslo do každej z 8 pudingových pohárov alebo formičiek na pukance. Vložte do rúry, aby sa maslo roztopilo.

Vo veľkej mise zmiešajte zmes, mlieko a vajcia a vymiešajte drôtenou metličkou do hladka. Nalejte do pripravených pohárov do ⅔ plného.

BYLINKOVÉ CHLEBÍKY

63. Bylinkové rolky

Výťažok: 12 porcií

Zložka

- 4 lyžice masla alebo margarínu
- 3 lyžice Jemne nakrájanej cibule
- 1 strúčik cesnaku; mletý
- ¾ lyžičky sušené oregano
- ¾ lyžičky sušenej bazalky
- ¾ lyžičky sušeného estragónu
- 1 šálka vody
- 3 šálky univerzálnej múky
- 1 lyžička Soľ
- 1½ čajovej lyžičky cukru
- 1½ lyžičky droždia Red Star

Smery:

Rozpustite maslo. Pridajte cibuľu, cesnak a bylinky. Orestujte na strednom ohni

Vložte všetky ingrediencie do formy na chlieb a vyberte nastavenie cesta, stlačte tlačidlo Štart.

Cesto vyklopte a jemne zviňte a natiahnite cesto do 24-palcového povrazu.

Ostrým nožom rozdeľte cesto na 18 častí. Vyvaľkáme guľky a uložíme do vymastenej formy na muffiny . Pečieme v rúre vyhriatej na 400°C 12-15 minút do zlatista

64. Záhradný bylinkový chlieb

Výťažok: 8 porcií

Zložka

- ¾ šálky Voda
- 2 šálky Biela chlebová múka
- 1 polievková lyžica Sušené mlieko
- 1 polievková lyžica Cukor
- 1 lyžička Soľ
- 1 polievková lyžica Maslo
- 3 šálky bielej chlebovej múky
- 2 polievkové lyžice Sušené mlieko
- 2 polievkové lyžice Cukor
- 1½ lyžičky Soľ
- 2 polievkové lyžice Maslo
- 1 lyžička Pažítka / Majorán / Tymián
- ½ lyžičky Bazalka
- 2 lyžičky Aktívne suché droždie

Smery:

Vôňa morčacej plnky naplní váš domov počas pečenia tohto chutného chleba vďaka všetkým tým aromatickým sušeným bylinkám.

Tento bochník je vynikajúci pre akýkoľvek sendvič so studeným mäsom, ktorý si len môžete vysnívať, vrátane morky a brusníc. Vyrábajú sa z nej aj chutné krutóny.

Postupujte podľa pokynov pre váš stroj na pečenie chleba.

65. Levanduľový bylinkový chlieb

Výťažok: 1 bochník

Zložka

- 1 balenie Aktívne suché droždie
- $\frac{1}{4}$ šálky ; Teplá voda
- 1 šálka Nízkotučný tvaroh
- $\frac{1}{4}$ šálky Med
- 2 polievkové lyžice Maslo
- 1 čajová lyžička sušených púčikov levandule
- 1 polievková lyžica Čerstvý citrónový tymián
- $\frac{1}{2}$ polievkovej lyžice Čerstvá bazalka; najemno posekané
- $\frac{1}{4}$ lyžičky Prášok na pečenie
- 2 Vajcia
- $2\frac{1}{2}$ šálky Nebielená múka
- Maslo

Smery:

V malej miske rozpustite droždie vo vode.

Vo väčšej miske zmiešame tvaroh, med, maslo, bylinky, sódu bikarbónu a vajíčka. Vmiešame kváskovú zmes. Postupne pridávame múku, aby vzniklo tuhé cesto, ktoré po každom pridaní dobre prešľaháme.

Prikryte a nechajte kysnúť asi 1 hodinu, alebo kým nezdvojnásobí objem.

Lyžicou premiešajte cesto. Vložíme do dobre vymastenej rajnice

Pečieme pri 350 F. jednu hodinu pre veľký bochník, 20 až 30 minút pre malé bochníky

66. Bylinkové mesiačiky čedaru

Zložka

- 2¾ šálky Mlieko
- 1 polievková lyžica Cukor
- 1 balenie Aktívne suché droždie
- 5½ šálky Celozrnná múka
- 2 lyžičky Soľ
- 1 Vajcia
- 3 polievkové lyžice Maslo
- ¾ šálky Múka
- 1½ šálky Strúhaný syr čedar
- 2 polievkové lyžice sezamové semienka
- 1 polievková lyžica Sušená bazalka a 1 polievková lyžica oregano
- Citrónová šťava

Smery:

Vo veľkej mise rozmiešame mlieko a cukor, prisypeme droždie, necháme zmäknúť. Primiešame 3½ šálky múky, prikryjeme a necháme 15 minút odpočívať. Zašľaháme soľ a vajce a potom pridáme maslo . Vyklopíme a miesime na pomúčenej doske 10 minút. Vložíme do vymastenej misy, otočíme, prikryjeme a necháme kysnúť na dvojnásobok.

Vytlačte cesto, postupne vmiešajte syr. Cesto rozdeľte na štvrtiny. Každý vyvaľkajte do kruhu

Vyvaľkané cesto potrieme bylinkovým maslom, nakrájame na kolieska, zvinieme, dáme na plech. Prikryte voľne. Opakujte so zvyšným cestom. Pečieme pri 375 stupňoch F, 25 minút.

67. Bylinkový chlieb z kukuričnej múky

Výťažok: 1 porcia

Zložka

- 1 balenie (5/16-oz.) kvasnice
- 1 šálka Nebielená múka
- ¾ šálky Chlebová múka
- ½ šálky Biela alebo žltá kukuričná múka
- 4 polievkové lyžice Čerstvé, nasekané bylinky
- 1 polievková lyžica Zeleninový olej
- 1 lyžička Soľ
- 1 polievková lyžica Cukor
- ⅞ pohár Voda
- Pažítka, koriandr , talianska petržlenová vňať alebo bazalka, ALEBO 4 čajové lyžičky suchých byliniek.

Smery:

Vložte všetky ingrediencie v uvedenom poradí do pekárničky, vyberte BIELY chlieb a stlačte Štart.

Podávame teplé so sladkým maslom.

68. Vidiecka bylina mesiačiky

Výťažok: 8 porcií

Zložka

- 1 plechovka (8 oz.) Pillsbury Crescent
- Rolky na večeru
- 1 polievková lyžica Mliečna kyslá smotana
- ½ lyžičky Okamžité mleté alebo nasekané
- Cibuľa
- ½ lyžičky sušených petržlenových vločiek
- ½ lyžičky Mletá šalvia
- ¼ lyžičky Zelerová soľ

Smery:

Rozvinúť cesto; rozdeľte na 8 trojuholníkov. Skombinujte zvyšné zložky s; rovnomerne rozložte na každý trojuholník. Polmesiačiky rolujte, ukladajte a pečte podľa pokynov na štítku obalu.

BYLINKOVÉ KORENIA

69. Bylinkové korenie

Výťažok: 1 porcia

Zložka

- ½ lyžičky mletej feferónky
- 1 polievková lyžica Cesnakový prášok
- 1 lyžička Každá sušená bazalka, sušená Majorán, sušený tymian, sušený petržlen,
- Sušené slané, muškátový mušt, cibuľa Prášok, čerstvo namletý čierny korenie, Šalvia v prášku.

Smery:

Zmiešajte prísady , skladujte vo vzduchotesnej nádobe na chladnom, suchom a tmavom mieste až šesť mesiacov.

70. Etiópska bylinná zmes (berbere)

Výťažok: 1 porcia

Zložka

- 2 čajové lyžičky celých semien rasce
- 4 celé klinčeky
- ¾ lyžičky Semená čierneho kardamónu
- ½ lyžičky Celé zrnká čierneho korenia
- ¼ lyžičky Celé nové korenie
- 1 lyžička Semená senovky gréckej
- ½ lyžičky Celé semená koriandra
- 10 malých Sušené červené čili papričky
- ½ lyžičky Strúhaný zázvor
- ¼ lyžičky Kurkuma
- 2 ½ lyžice sladkej maďarskej papriky
- ⅛ lyžičky škorice
- ⅛ lyžičky Mleté klinčeky

Smery:

V malej panvici na miernom ohni opekajte rascu, klinčeky, kardamón, korenie, nové korenie, senovku grécku a koriander asi 2 minúty za stáleho miešania

Odstráňte z tepla a ochlaďte 5 minút. Vyhoďte stonky z čili. V mlynčeku na korenie alebo v mažiari najemno pomelieme opečené korenie a čili.

Vmiešajte zvyšnú zložku s.

71. Zmes na bylinkový šalát

Výťažok: 1 porcia

Zložka

- ¼ šálky petržlenových vločiek
- 2 polievkové lyžice Každé sušené oregano, bazalka a majorán, rozdrvené
- 2 lyžice Cukor
- 1 lyžica semien feniklu, drvených
- 1 lyžica suchej horčice
- 1 ½ lyžičky čierneho korenia

Smery:

Vložte všetky ingrediencie do 1-litrovej nádoby, pevne zakryte a dobre pretrepte, aby sa premiešali. Skladujte na chladnom, tmavom a suchom mieste

Na prípravu 1 šálky bylinkového dresingu vinaigrette: V malej miske rozšľahajte 1 polievkovú lyžicu zmesi dresingu na bylinkový šalát, ¾ šálky teplej vody, 2½ polievkovej lyžice estragónového octu alebo bieleho vínneho octu, 1 polievkovú lyžicu olivového oleja a 1 pretlačený strúčik cesnaku.

Ochutnajte a pridajte ¼ až ½ čajovej lyžičky zmesi na dresing na bylinkový šalát, ak chcete výraznejšiu chuť. Pred použitím nechajte odstáť pri izbovej teplote aspoň 30 minút a potom znova šľahajte.

72. Miešaný bylinkový ocot

Výťažok: 1 porcia

Zložka

- 1-pinta Červený vínny ocot
- 1 kus jablčného octu
- 2 Olúpané, rozpolené strúčiky cesnaku
- 1 Konár estragónu
- 1 vetvička tymiánu
- 2 vetvičky čerstvého oregana
- 1 malá stonková sladká bazalka
- 6 zrniek čierneho korenia

Smery:

Nalejte červené víno a jablčný ocot do litrovej nádoby. Pridajte cesnak, bylinky, korenie a kryt. Necháme tri týždne odstáť na chladnom mieste mimo slnka. Občas pretrepte. Nalejte do fliaš a zastavte korkom.

73. Miešané bylinkové pesto

Výťažok: 1 porcia

Zložka

- 1 šálka Balená čerstvá plocholistá petržlenová vňať
- ½ šálky Balené lístky čerstvej bazalky;
- 1 polievková lyžica lístkov čerstvého tymiánu
- 1 polievková lyžica čerstvých listov rozmarínu
- 1 polievková lyžica čerstvých listov estragónu
- ½ šálky čerstvo nastrúhaného parmezánu
- ⅓ šálky olivového oleja
- ¼ šálky vlašských orechov; opečené dozlatista
- 1 lyžica balzamikového octu

Smery:

V kuchynskom robote zmiešajte všetky ingrediencie so soľou a korením podľa chuti, až kým nebudú hladké. (Pesto vydrží, povrch pokrytý plastovým obalom, chladené, 1 týždeň.)

74. Horčicovo-bylinková marináda

Výťažok: 1 porcia

Zložka

- ½ šálky dijonskej horčice
- 2 lyžice suchej horčice
- 2 lyžice Rastlinný olej
- ¼ šálky suchého bieleho vína
- 2 polievkové lyžice sušeného estragónu
- 2 polievkové lyžice sušeného tymiánu
- 2 lyžice Sušená šalvia, rozdrvená

Smery:

Zmiešajte všetky ingrediencie v miske. Nechajte stáť 1 hodinu. Pridajte kuracie mäso alebo rybu a dobre obalte. Necháme postáť v marináde. Osušte papierovými utierkami

Zvyšnú marinádu použite na potretie ryby alebo kuracieho mäsa tesne pred vybratím z grilu.

75. Dezertná bylinková omáčka

Výťažok: 1 porcia

Zložka

- ⅓ šálky ťažkej smotany
- ¾ šálky cmaru
- 1 lyžička strúhanej citrónovej kôry
- ¼ lyžičky mletého zázvoru
- ⅛ lyžičky mletého kardamónu
- ¼ šálky Garam masala, nového korenia alebo
- Muškátový oriešok

Smery:

Šľahačku šľahajte v stredne veľkej vychladenej miske, kým sa nevytvoria mäkké vrcholy.

Zvyšné ingrediencie zmiešame v malej miske a jemne vmiešame do krému. Omáčka by mala mať konzistenciu hustej smotany.

76. Dresing z citrusových bylín

Výťažok: 1 porcia

Zložka

- ½ stredne veľkej červenej papriky,
- 2 stredné paradajky, nakrájané na plátky
- ½ šálky Voľne zabalenej čerstvej bazalky
- 2 strúčiky cesnaku, mleté
- ½ šálky čerstvej pomarančovej šťavy
- ½ šálky Voľne balené čerstvé Petržlen
- ¼ šálky malinového octu
- 1 lyžica suchej horčice
- 2 čajové lyžičky lístkov čerstvého tymiánu
- 2 čajové lyžičky čerstvého estragónu
- 2 čajové lyžičky čerstvého oregana
- Mleté čierne korenie

Smery:

Zmiešajte všetky ingrediencie v mixéri alebo kuchynskom robote a mixujte, kým nevznikne pyré.

77. Cottage-bylinkový dresing

Výťažok: 6 porcií

Zložka

- 1 polievková lyžica Mlieko
- 12 uncí tvarohu
- 1 čajová lyžička citrónovej šťavy
- 1 malý plátok cibule - tenký
- 3 reďkovky - na polovicu
- 1 čajová lyžička miešaných šalátových bylín
- 1 vetvička petržlenu
- $\frac{1}{4}$ lyžičky soli

Smery:

Mlieko, tvaroh a citrónovú šťavu dáme do nádoby mixéra a rozmixujeme do hladka. Pridajte zvyšné ingrediencie do tvarohovej zmesi a miešajte, kým nie je všetka zelenina nakrájaná.

78. Zmes provensálskych bylín

Výťažok: 1 porcia

Zložka

- ½ šálky sušeného celého tymiánu
- ¼ šálky celej sušenej bazalky
- 2 polievkové lyžice celé sušené oregano
- 2 polievkové lyžice celého sušeného rozmarínu

Korenie spolu dôkladne premiešame. Skladujte vo vzduchotesnej nádobe

79. Olejová a bylinková marináda

Výťažok: 1 porcia

Zložka

- Šťava a kôra z 1 pomaranča
- ¼ šálky citrónovej šťavy
- ¼ šálky rastlinného oleja
- ½ lyžičky zázvoru
- ½ lyžičky šalvie
- 1 strúčik cesnaku, mletý
- Čerstvo mleté korenie

Smery:

Kombinujte Ingredient s. Nechajte mäso marinovať v plytkej sklenenej nádobe 4 hodiny v chladničke. Počas grilovania alebo grilovania potierajte marinádou.

80. Ľahké bylinkové octy

Výťažok: 1 porcia

Zložka

- 4 vetvičky čerstvého rozmarínu

Smery:

Ak chcete pripraviť bylinkový ocot, vložte opláchnuté a sušené bylinky a akékoľvek korenie do sterilizovanej 750 ml fľaše na víno a pridajte asi 3 šálky octu, naplňte ich do $\frac{1}{4}$ palca od vrchu. Zastavte s novým korkom a odložte na 2 až 3 týždne na lúhovanie. Ocot má trvanlivosť minimálne 1 rok.

S červeným vínnym octom použite: 4 vetvičky čerstvej petržlenovej vňate, 2 polievkové lyžice čierneho korenia

81. Šťovkovo-pažítkové pesto

Výťažok: 1 porcia

Zložka

- 1 šálka šťavela
- 4 polievkové lyžice šalotky; jemne mletý
- 4 polievkové lyžice píniových orieškov; zem
- 3 lyžice petržlenu; nasekané
- 3 lyžice pažítky; nasekané
- Nastrúhaná kôra zo 4 pomarančov
- ¼ cibuľa, červená; nasekané
- 1 lyžica horčice, suchá
- 1 lyžička Soľ
- 1 lyžička čierneho korenia
- 1 štipka korenie, kajenské korenie
- ¾ šálky oleja. olivový

Smery:

Šťavel, šalotku, píniové oriešky, petržlenovú vňať, pažítku, pomarančovú kôru a cibuľu rozmixujte v kuchynskom robote alebo mixéri.

Pridajte suchú horčicu, soľ, korenie a kajenské korenie a znova premiešajte. POMALY kvapkajte olej, kým sa čepeľ pohybuje.

Premiestnite do pohárov z tvrdeného skla .

82. Uhorkový bylinkový dresing

Výťažok: 12 porcií

Zložka

- ½ šálky petržlenu
- 1 lyžica čerstvého kôpru, mletého
- 1 lyžička čerstvý estragón, mletý
- 2 polievkové lyžice koncentrátu jablkovej šťavy
- 1 stredná uhorka, ošúpaná, zbavená semienok
- 1 strúčik cesnaku, mletý
- 2 zelené cibule
- 1½ lyžičky bieleho vínneho octu
- ½ šálky nízkotučného jogurtu
- ¼ lyžičky dijonská horčica

Smery:

Zmiešajte všetky ingrediencie okrem jogurtu a horčice v mixéri. Rozmixujte do hladka, vmiešajte jogurt a horčicu. Uchovávajte v chladničke

83. Bylinkový pekanový trieť

Výťažok: 1 porcia

Zložka

- ½ šálky pekanových orechov - rozbité
- 3 strúčiky cesnaku - nakrájajte
- ½ šálky čerstvého oregana
- ½ šálky čerstvého tymiánu
- ½ lyžičky citrónovej kôry
- ½ lyžičky čierneho korenia
- ¼ lyžičky soli
- ¼ šálky oleja na varenie

Smery:

V mixéri alebo kuchynskom robote zmiešajte všetky ingrediencie OKREM oleja.

Prikryte a niekoľkokrát premiešajte, zoškrabte strany, kým sa nevytvorí pasta .

Pri spustenom stroji postupne pridávajte olej, kým zmes nevytvorí pastu.

Natrieme na ryby alebo kuracie mäso.

84. Z esty bylinkový dresing

Výťažok: 1

Zložka

- ¾ šálky šťavy z bieleho hrozna; alebo jablkový džús
- ¼ šálky bieleho vínneho octu
- 2 polievkové lyžice práškového ovocného pektínu
- 1 lyžička dijonskej horčice
- 2 strúčiky cesnaku; rozdrvený
- 1 lyžička sušených cibuľových vločiek
- ½ lyžičky sušenej bazalky
- ½ čajovej lyžičky sušeného oregana
- ¼ lyžičky čierneho korenia; hrubo mletý

Smery:

V malej miske zmiešajte hroznovú šťavu, ocot a pektín; miešame, kým sa pektín nerozpustí. Vmiešajte horčicu a zvyšné prísady ; dobre premiešame. Uchovávajte v chladničke

85. Cesnakovo-citrónovo-bylinkové potieranie

Výťažok: 1 porcia

Zložka

- ¼ šálky cesnaku; mletý
- ¼ šálky citrónovej kôry; strúhaný
- ½ šálky petržlenu; čerstvé, nakrájané nadrobno
- 2 polievkové lyžice tymianu; čerstvé nasekané
- 2 lyžice rozmarínu
- 2 polievkové lyžice šalvie; čerstvé, nasekané
- ½ šálky olivového oleja

Smery:

V malej miske zmiešajte ingrediencie s a dobre premiešajte. Použite v deň miešania.

86. Dolce latté bylinkový dip

Výťažok: 6 porcií

Zložka

- 450 mililitrov kyslej smotany
- 150 gramov dolce latté; rozpadol sa
- 1 lyžica citrónovej šťavy
- 4 lyžice majonézy
- 2 lyžice Jemná kari pasta
- 1 červená paprika; nakrájané na kocky
- 1 50 gramov plnotučného mäkkého syra; (2 oz.)
- 1 malá cibuľa; jemne nakrájané na kocky
- 2 polievkové lyžice zmiešaných bylín
- 2 lyžice Paradajkový pretlak
- Soľ a čerstvo mleté čierne korenie
- Zeleninové crudités a nakrájaný pita chlieb

Smery:

Kyslú smotanu rozdeľte do 3 malých misiek. Do jednej misky dáme dolce latté a citrónovú šťavu, do druhej 2 lyžice majonézy , kari pastu a červenú papriku. Do tretej misky pridáme plnotučný mäkký syr, cibuľu, bylinky a paradajkový pretlak .

Do každej misky pridajte korenie podľa chuti a dobre premiešajte. Dipy premiestnite do servírovacích misiek a podávajte vychladené so zeleninovým crudités a nakrájaným pita chlebom.

87. Zmes francúzskych bylín

Výťažok: 2 šálky

Zložka

- ½ šálky estragónu
- ½ šálky žeruchy
- 2 polievkové lyžice šalviových listov
- ½ šálky tymianu
- 2 lyžice rozmarínu
- 5 lyžíc pažítky
- 2 polievkové lyžice pomarančovej kôry, vysušenej
- 2 lyžice zelerových semienok, mleté

Smery:

Všetko zložte a miešajte, kým sa dobre nespojí. Zabaľte do malých téglikov a označte

Pri použití rozdrobte korenie v ruke.

Korenie merajte podľa objemu, nie podľa hmotnosti, kvôli veľkému kolísaniu obsahu vlhkosti.

88. Bylinkové a koreninové maslo

Výťažok: 1 porcia

Zložka

- 8 lyžíc zmäknutého masla
- 2 lyžice čerstvého rozmarínu, nasekaného
- 1 polievková lyžica Čerstvý estragón, nasekaný
- 1 polievková lyžica čerstvej pažítky, nasekanej
- 1 polievková lyžica kari

Smery:

Zmäknuté maslo vyšľaháme do krémova. Primiešajte zvyšnú zložku s.

Maslo položte na voskovaný papier a pomocou plochého noža z neho vyformujte valček.

Maslo nechajte v chladničke odpočívať aspoň dve hodiny, aby maslo úplne absorbovalo chuť byliniek.

89. Bylinkový zeleninový dresing

Výťažok: 1 porcia

Zložka

- ½ lyžičky čerstvej petržlenovej vňate
- ½ lyžičky čerstvého estragónu
- ½ čajovej lyžičky čerstvej pažítky
- ½ čajovej lyžičky čerstvej žeruchy
- 3 lyžice vínneho octu
- 9 lyžíc olivového oleja
- 1 lyžička dijonskej horčice
- ½ lyžičky Soľ
- ½ lyžičky čierneho korenia

Smery:

Nasekajte čerstvé bylinky, niekoľko listov si nechajte na ozdobu.

Vložte všetky ingrediencie do malej misky. Silno šľahajte drôtenou metličkou, kým sa dobre nezmiešajú.

Ozdobte čerstvými listami a ihneď podávajte.

90. Slaninový, paradajkový a bylinkový dip

Výťažok: 1 porcia

Zložka

- 1 nádoba; (16 oz.) kyslá smotana
- 1 lyžica bazalky
- 1 polievková lyžica korenia Beau Monde
- 1 stredná paradajka
- 8 plátkov Slanina uvarená a rozdrobená

Smery:

V strednej miske zmiešajte všetky ingrediencie , kým sa dobre nezmiešajú. Prikryte a chladte 2 hodiny alebo cez noc.

91. Cesnaková bylinková nátierka

Výťažok: 8 porcií

Zložka

- 1 Hlavový cesnak
- 4 paradajky sušené na slnku; nebalené v oleji
- 1 šálka odtučneného jogurtového syra
- ½ lyžičky javorového sirupu
- 2 polievkové lyžice čerstvej bazalky; nasekané
- ½ lyžičky vločiek červenej papriky
- ¼ lyžičky morskej soli; čerstvo pomleté
- Bochník talianskeho chleba; nakrájané na plátky; voliteľné

Smery:

Zabaľte hlavu cesnaku do hliníkovej fólie a pečte v predhriatej 375 F rúre 35 minút.

Sušené paradajky privedieme do varu v malom množstve vody. Nechajte 15 minút postáť a potom sceďte na papierovej utierke. Sušené jemne nasekajte.

Všetky ingrediencie okrem chleba zmiešajte drôtenou metličkou. Nechajte pôsobiť aspoň 30 minút.

92. Chevre s bylinkovou nátierkou

Výťažok: 8 porcií

Zložka

- 4 unce obyčajného smotanového syra
- 4 unce Chevre
- Čerstvé bylinky - podľa chuti

Smery:

Ak používate svoje vlastné bylinky, rozmarín, estragón a letné pikantné sú dobrou voľbou, samostatne alebo v kombinácii.

Nátierku použite na plnenie snehu alebo cukrového hrášku, natierajte na kolieska uhorky alebo cukety, sladké sušienky, vodové sušienky alebo mierne opečené miniatúrne bagety.

BYLINKOVÉ NÁPOJE

93. Pikantný bylinný likér

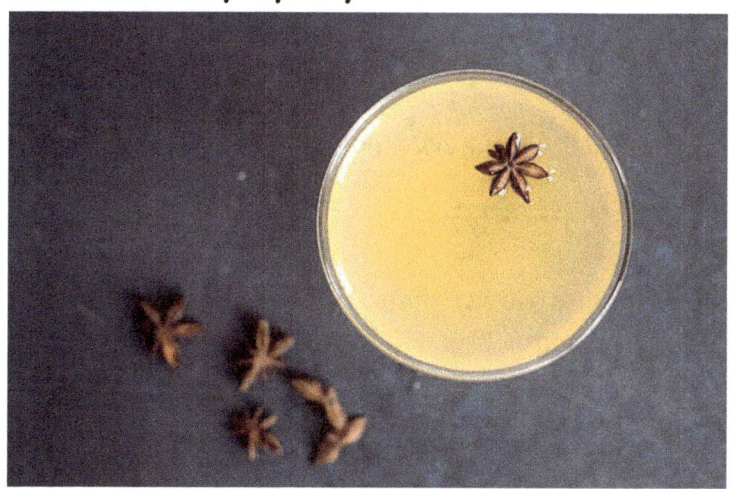

Výťažok: 1 kvart

Zložka

- 6 strukov kardamónu
- 3 čajové lyžičky anízových semienok
- 2¼ čajovej lyžičky nasekaného koreňa angeliky
- 1 tyčinka škorice
- 1 klinček
- ¼ lyžičky Mace
- 1 pätina vodky
- 1 šálka cukrového sirupu
- Nádoba: 1/2-galónová nádoba

Smery:

Odstráňte semená z kardamónových strukov. Pridajte semienka anízu a všetky jadrá rozdrvte zadnou časťou vidličky.

Vložte ich do 1-litrovej nádoby, do ktorej pridajte koreň angeliky, tyčinku škorice, klinček, muškátový kvet a vodku.

Zmes dobre pretrepte a uložte na 1 týždeň do skrinky. Niekoľkokrát prelejte cez sitko vystlané gázou. Tekutinu zmiešame s cukrovým sirupom. Pripravené na servírovanie

94. Ovocný bylinkový ľadový čaj

Výťažok: 1 porcia

Zložka

- 1 vrecúško čaju Tazo Passion
- 1-litr vody
- 2 šálky čerstvej pomarančovej šťavy
- Oranžové koleso
- Listy mäty

Smery:

Vrecúško čaju vložte do 1 litra vriacej vody a nechajte 5 minút lúhovať.

Odstráňte čajové vrecko. Nalejte čaj do 1-galónového džbánu naplneného ľadom. Keď sa ľad roztopí, naplňte zvyšný priestor v džbáne vodou.

Naplňte kokteilový šejker jednou polovicou uvareného čaju a jednou polovicou pomarančového džúsu. Dobre pretrepte a sceďte do pohára naplneného ľadom. Ozdobíme kolieskom pomaranča a lístkami mäty.

95. Ľadový bylinkový chladič

Výťažok: 6 porcií

Zložka

- 4 šálky vriacej vody;
- 8 čajových vrecúšok Red Zinger
- 12 uncí koncentrátu jablkovej šťavy
- Šťava z 1 pomaranča
- 1 citrón; nakrájané na plátky
- 1 pomaranč; nakrájané na plátky

Smery:

Čajové vrecúška zalejte vriacou vodou. Nechajte čaj lúhovať, kým nebude voda vlažná, čím vznikne veľmi silný čaj. Vo veľkom džbáne zmiešajte čaj, jablkový džús a pomarančový džús. Džbán ozdobte plátkami citróna a pomaranča. Nalejte do pohárov naplnených ľadom a ozdobte mätou.

Výťažok: 1 porcia

Zložka

- Vrece sušených lipových kvetov
- Vriaca voda

Smery:

Jednoducho vložte sušené kvety, jednu malú hrsť do priemerného čajníka, do hrnca. Nalejte vriacu vodu a dobre premiešajte. Podávajte.

Nenechávajte lúhovať dlhšie ako štyri minúty, pretože sa stratí chuť.

96. Malinový bylinkový čaj

Výťažok: 8 porcií

Zložka

- 2 vrecúška malinového čaju v rodinnej veľkosti
- 2 čajové vrecúška z ostružinového čaju
- 2 čajové vrecúška z čiernych ríbezlí
- 1 fľaša šumivého jablčného muštu
- ½ šálky koncentrátu šťavy
- ½ šálky pomarančového džúsu
- ½ šálky cukru

Smery:

Vložte všetky ingrediencie do veľkého džbánu. Kľud. Naše podávame s ovocnými kockami ľadu.

Vyhraďte si dostatok šťavy na naplnenie formy na ľad a do každej kocky poukladáme plátky jahôd a čučoriedok.

97. Kardamónový čaj

Výťažok: 1 porcia

Zložka

- 15 vody zo semienok kardamónu
- ½ šálky mlieka
- 2 kvapky vanilky (až 3 kvapky)
- Med

Smery:

Pri poruchách trávenia zmiešajte 15 rozdrvených semien v ½ šálky horúcej vody. Pridajte 1 uncu čerstvého koreňa zázvoru a tyčinku škorice.

Varte 15 minút na miernom ohni. Pridajte ½ šálky mlieka a varte ďalších 10 minút. Pridajte 2 až 3 kvapky vanilky. Osladíme medom. Pite 1 až 2 šálky denne.

98. Sassafrasový čaj

PODÁVANIE: 10

Ingrediencie

- 4 korene sassafras
- 2 litre vody
- cukor alebo med

Smery:

Umyte korene a odrežte stromčeky tam, kde sú zelené a kde končí koreň.

Priveďte vodu do varu a pridajte korene.

Dusíme, kým nie je voda sýto hnedočervená (čím tmavšia, tým silnejšia – ja mám tú svoju silnú).

Preceďte do džbánu cez drôtenku a kávový filter, ak nechcete žiadne usadeniny.

Podľa chuti pridajte med alebo cukor.

Podávajte teplé alebo studené s citrónom a vetvičkou mäty.

99. Moringový čaj

Porcie: 2

Zložka s

- 800 ml vody
- 5-6 lístkov mäty - natrhané
- 1 čajová lyžička rasce
- 2 čajové lyžičky prášku Moringa
- 1 lyžica limetkovej/citrónovej šťavy
- 1 čajová lyžička organického medu ako sladidla

Smery:

Priveďte 4 šálky vody do varu.

Pridajte 5-6 lístkov mäty a 1 čajovú lyžičku rascových semienok/ jeera .

Nechajte variť, kým sa množstvo vody nezredukuje na polovicu.

Keď sa voda zníži na polovicu, pridajte 2 čajové lyžičky prášku Moringa .

Regulujte teplo na vysoké, keď sa spení a vystúpi, vypnite teplo.

Prikryjeme pokrievkou a necháme 4-5 minút postáť.

Po 5 minútach čaj sceďte do šálky.

Podľa chuti pridajte bio med a vytlačte čerstvú limetkovú šťavu.

100. Šalviový čaj

Ingrediencie

- 6 čerstvých listov šalvie, ponechaných na stonke
- Vriaca voda
- Med (alebo agávový sirup pre vegánov)
- 1 plátok citróna

Smery

Vodu priveďte do varu.

Šalviu dôkladne umyte.

Vložte šalviu do hrnčeka a zalejte vriacou vodou. Bylinky nechajte 5 minút lúhovať. (Alternatívny spôsob: Ak chcete, môžete tiež nasekať listy šalvie a pred lúhovaním ich vložiť do čajového sitka.)

Odstráňte šalvia. Vmiešajte kvapku medu a citrón (potrebné pre najlepšiu chuť).

ZÁVER

Ak chcete vyčistiť čerstvé bylinky, namočte ich do studeného vodného kúpeľa a jemne ich pohybujte vo vode, aby ste odstránili všetky nečistoty alebo nečistoty. Otraste prebytočnú vodu a bylinky opatrne osušte papierovými utierkami. S jemnejšími bylinkami, ako je petržlen, koriander a žerucha, by sa malo zaobchádzať jemne v porovnaní s robustnými bylinkami, ako sú vetvičky rozmarínu a tymiánu.

Na skladovanie použite plastové vrecko alebo nádobu naplnenú vodou. Listové bylinky možno skladovať vo zvislej polohe v nádobe s vodou, pričom listy trčia z vrchnej časti nádoby. Všetky bylinky je možné skladovať aj medzi vlhkými papierovými utierkami vo vzduchotesnom plastovom vrecku v chladničke.

UŽITE SI VARENIE S BYLINKAMI!

www.ingramcontent.com/pod-product-compliance
Lightning Source LLC
Chambersburg PA
CBHW050019130526
44590CB00042B/808